George E. Vandeman

Das Drama vom Toten Meer

Geschichten um ein ungewöhnliches Buch

Saatkorn-Verlag · Hamburg

Titel der amerikanischen Originalausgabe:
The incredible Story of The Book that would not go away
Ins Deutsche übertragen: G. Fraatz

Titelfoto: T. Kanerva

Seite 2: Der „Schrein des Buches" in Jerusalem ist nationale Gedenkstätte. Hier werden die Schriftrollen von Qumran aufbewahrt. Die sich nach oben hin verjüngende Form der Kuppel ist einem Tonkrug nachgebildet. Foto: A. Maier

Saatkorn-Verlag GmbH, Grindelberg 13–17, Hamburg 13
Gesamtherstellung: Grindeldruck GmbH, Hamburg 13
© 1983 by Pacific Press Publishing Association, Boise (Idaho)
Alle Rechte vorbehalten · Printed in Germany
Verlagsarchiv-Nr. 634 285 · ISBN 3-8150-0551-5

Inhalt

Tote erzählen *doch* Geschichten   7
Das Drama vom Toten Meer   19
Die Bibel in England   33
Mit und ohne Bibel   45
Beweise werden getestet   55
Der verwundete Arzt   69

Tote erzählen *doch* Geschichten

Tote erzählen *doch* Geschichten! Aufregende, romantische Geschichten. Eigentümliche und wunderbare Geschichten, die sich überraschenderweise mit denen eines vernachlässigten Buches decken. Geschichten, die viele Menschen entsetzen, weil sie eben diese Geschichten als Mythen und Legenden abgetan hatten.

Zweifelnde Menschen vergruben das Buch. Später gingen Männer mit dem Spaten ans Werk, um die Geschichte auszugraben. Sie fanden das Buch. Mit ihren Kamelhaarbürsten staubten sie die Zweifel davon, die das Buch umhüllten, und hielten es einer überraschten, verwunderten, jetzt allerdings aufhorchenden Welt entgegen!

Ja, Tote erzählen *doch* Geschichten! Von ihrem verstaubten Lager berichten sie aus der Geschichte, und das ist spannender als ein Roman. Zivilisationen, die schon lange vergangen sind, sprechen mit Donnerstimme zur heutigen Generation. Denn mit dramatischer Plötzlichkeit dringt heute aus den Gräbern ein Chor aus längst vergangenen Zeiten – es sind Stimmen, die die Menschen zwingen, langgehegte Anschauungen über die Bibel aufzugeben.

Komm mit mir in das faszinierende Land Ägypten, der Wiege der Zivilisation! Ägypten, das Alte mit dem Neuen verbindend, steht mit einem Fuß in der Geschichte und mit dem anderen im 20. Jahrhundert.

Von den Pyramiden zum modernen Kairo. Von Kamelkarawanen zum Jet!

Ägypten, das Land der Sphinx – so nannte es der Grieche Herodot. Der Wind und der Sand von Jahrhunderten haben um das Profil der mächtigen Figur geblasen. Sie hat auf Alexander und Cäsar herabgesehen, auf Kleopatra und Napoleon. Sie hat die ehrgeizigen Träume von Eroberern erlebt, die wie Sand verweht wurden.

Ägypten, das Land der Pyramiden, der erhabenen Gräber derjenigen, die glaubten, daß sie den Tod bezwungen hätten. Das Grab von Cheops beherrscht den Horizont. Die Cheopspyramide ist 4500 Jahre alt und 140 Meter hoch. Aus 2,5 Millionen Steinblöcken erbaut, von denen manche 15 Tonnen wiegen. Erbaut von einem König – um über den Tod hinaus von ihm zu zeugen. Ja, aus der ägyptischen Wüste erklingen Stimmen, die man seit Tausenden von Jahren nicht gehört hat. Tote erzählen *doch* Geschichten!

Kann man von daher mein Interesse an diesen antiken Stätten verstehen und an der relativ jungen Archäologie? Für mich ist das immer ein faszinierendes Studium gewesen. Und je tiefer ich in diese Materie eindringe, um so spannender wird es.

Seit einem Jahrhundert graben Wissenschaftler aus vielen Nationen im Vorderen Orient. Sie haben viele Dinge genauso vorgefunden, wie sie die Bibel beschreibt, und genau dort, wo die Bibel sagt, daß sie sein sollten.

Die Geschichte der modernen Archäologie begann im Jahre 1798 mit Napoleons unglücklichem Feldzug nach Ägypten. Zusammen mit seinen Truppen kamen auch

120 Künstler und Wissenschaftler ins Land, die den Auftrag hatten, die antiken Ruinen in Ägypten zu untersuchen und zu beschreiben.

Von Alexandria bis zum ersten Nilkatarakt, auf einem Gebiet, das mehr als 1000 km lang ist, breitete sich ein riesiges Museum vor den Franzosen aus. Als der kleine General neben den Pyramiden stand, sprach er die denkwürdigen Worte aus: „Soldaten! Vierzig Jahrhunderte blicken auf euch herab."

Ja, eigentümliche Hieroglyphen auf den Tempelwänden und Denkmälern schauten auf die Soldaten Napoleons herab. Doch konnte niemand in Ägypten oder der übrigen Welt diese Schrift lesen.

Als jedoch im folgenden Jahr ein Soldat in der Hafenstadt Rosette im westlichen Nildelta einen Graben aushob, stieß er auf einen eigentümlichen Stein. Der Fund dieser schwarzen Basaltplatte – „Stein von Rosette" genannt – bezeichnet den Beginn der modernen Archäologie. Die Fachwelt war von der Tatsache fasziniert, daß der Stein seine Botschaft in drei verschiedenen Sprachen übermittelte – in ägyptischen Hieroglyphen, in ägyptischer Schreibschrift (demotisch) und in Griechisch. Da man Griechisch verstand, waren geduldige Sprachwissenschaftler nach einer Arbeitszeit von über zwanzig Jahren in der Lage, die beiden anderen Inschriften zu entziffern.

Diese Fähigkeit, die ägyptische Schrift zu lesen, wie sie in den Tagen der Pharaonen geschrieben wurde, öffnete für uns die Schätze einer vergessenen Zivilisation. Die Tür zur Vergangenheit war nun einen Spalt weit geöffnet. Helle Strahlen aus dieser Zeit begannen ihr Licht auf die so sehr angezweifelten biblischen Begebenheiten zu werfen.

Das vielleicht ungewöhnlichste Beispiel solcher Rechtfertigung rankt sich um die Geschichte der antiken Hethiter. Das Problem der Hethiter kann gut und gerne das Rätsel des Jahrhunderts genannt werden, denn 48mal erwähnt die Bibel das Volk der Hethiter – ihre Verbindungen zu Abraham, Salomo, David und Ägypten. Diese Hinweise stellen die Hethiter als eins der mächtigsten Reiche des Altertums dar. Trotzdem findet sich in allen Berichten der Antike, abgesehen von der Bibel, von ihnen keine Spur – nicht ein einziges Wort.

Gebildete Kritiker argumentierten, daß es für ein solches Weltreich unmöglich sei, aus der Geschichte zu verschwinden, ohne die geringste Spur zu hinterlassen. So wurde die Tatsache, daß man von ihnen keinen Existenznachweis habe, als Beweis gewertet, daß die Hethiter nie existierten – und der biblische Bericht wurde abgelehnt.

Während all dieser Zeit schauten jedoch stattliche Säulen, halb begrabene Statuen und riesige Ruinen mit eigenartigen Inschriften, die niemand lesen konnte, still auf ihren Unglauben herab.

Dann wurde der „Stein von Rosette" gefunden. Die ägyptischen Inschriften waren entziffert. Das ungeheure Museum aus Denkmälern und Säulen überall entlang des Nils, dessen Botschaften in einer verborgenen Sprache jahrhundertelang verschlossen waren, öffnete nun seine Tore. Und das mächtige Karnak begann, seine Geschichte zu offenbaren. Hier beschreibt Ramses II. immer wieder auf den großen Säulen und Palastwänden seine politischen und militärischen Konflikte mit dem

König der Hethiter – Konflikte, in denen er, Ramses, immer der Sieger war. Sogar die Schlacht von Kadesch wurde nur wie ein Scharmützel beschrieben, in dem der König der Hethiter zur Flucht gezwungen wurde.

Die Hethiter – nur ein unbedeutender Stamm, folgerten die Historiker. Eigentümlicherweise hat es sie nicht verwundert, daß ein solch kleiner, unbedeutender Stamm sich über eine so lange Zeit mit einer Großmacht der antiken Zeit anlegen konnte.

Wir wissen heute, daß die Schlacht von Kadesch durchaus kein kleines Scharmützel, sondern eine der entscheidenden Schlachten der Geschichte gewesen ist – eine Schlacht, in der Ägypten herausgefordert und besiegt wurde, und zwar von den Hethitern, die auf den Denkmälern von Ramses erwähnt werden.

Wir wissen heute, daß Ramses ein großspuriger Zeitgenosse war, der seine Niederlage nicht zugeben konnte und die Inschriften lügen ließ, obwohl er in Kadesch nur knapp mit dem Leben davongekommen war. Die große Erzählung des Ramses wurde allerdings mehr als 3000 Jahre geglaubt.

Inzwischen wissen wir, daß die Hethiter, die von den Kritikern als nicht existent abgeschrieben wurden, statt dessen ein Weltreich bildeten, das sich vom Schwarzen Meer bis nach Damaskus erstreckte.

Und die Bibel war wieder bestätigt!

Wir wollen uns daran erinnern, daß die Feinde Jesu sich wenige Tage vor der Kreuzigung bei seinem triumphalen Einzug in Jerusalem unter die Menge gemischt hatten. Sie verlangten von ihm, er solle den Lobpreisungen ein Ende bereiten. Sie sagten, es sei zu aufdringlich.

Und Jesus antwortete: „Ich sage euch: Wenn diese werden schweigen, so werden die Steine schreien." (Lukas 19, 40.)

Und das geschieht heute. Es geschieht im alten Ägypten. Die Steine und Denkmäler erzählen ihre Geschichte. Die halbverschütteten Statuen, ihre Inschriften auf den zerfallenen Mauern rechtfertigen das „Buch der Bücher".

Ägypten ist untrennbar mit der Vergangenheit verbunden – und untrennbar mit der biblischen Geschichte.

Es war in Ägypten, daß eine Prinzessin ein Baby in einem Schilfkorb fand, der am Ufer des Nils schwamm. Ein Baby, das aufwuchs, um die ersten fünf Bücher der Bibel zu schreiben.

Es war Ägypten, in das Joseph von neidischen Brüdern in die Sklaverei verkauft wurde. Und es war Ägypten mit dem Premierminister Joseph, in das dieselben Brüder kamen, um während einer Hungersnot Nahrung zu kaufen. Es war in Ägypten, wo ein gnädiger König der großen Familie des Joseph eine Heimat zur Verfügung stellte.

Es war in Ägypten, wo Gott eine sichere Zuflucht für das Jesuskind bereitet hatte, bis Herodes gestorben war, der Jesus zu vernichten suchte.

Man sollte auch bedenken, daß viele biblische Manuskripte auf Material geschrieben oder darauf kopiert wurden, das aus Ägypten kam.

Das verbreitetste Schreibmaterial in alten Zeiten war das Papyrus. Es wurde aus der Papyruspflanze hergestellt. Diese war ein Schilfrohr, das in den flachen Seen und Flüssen Ägyptens und Syriens wuchs. Papyrus erfreute sich bis in das dritte Jahrhundert nach Christus allgemeiner Beliebtheit.

Der Grund, warum nur so wenige der ältesten Bibelhandschriften erhalten blieben, ist wahrscheinlich die verderbliche Natur des verwendeten Schreibmaterials. Die meisten Rollen vom Toten Meer bestehen aus Leder, auch als Pergament bekannt – ein Name, der den Häuten von Schafen, Ziegen, Antilopen oder anderen Tieren gegeben wurde. Diese Häute wurden geglättet, und ein dauerhaftes Schreibmaterial entstand. Die Rollen, die man in den Höhlen am Toten Meer gefunden hat, waren wohl nur deshalb so gut gehalten, weil sie das äußerst trockene Klima in diesem Gebiet konserviert hatte.

Man stelle sich unsere Überraschung vor, als wir in Kairo das Nationale Institut zur Erforschung des Papyrus (National Papyrus Research Foundation) entdeckten. Da der Aufenthalt dort sehr interessant war, möchte ich hier das Gespräch wiedergeben, das ich mit einer Ägyptologin aus diesem Institut, Frau Kadria Elcatan, hatte.

Vandeman: „Frau Elcatan! Wer hat die antike Herstellungskunst des Papyrus wieder entdeckt?"
Elcatan: „Nun, ein junger Forscher mit Namen Mohammed Elcatan."
Vandeman: „Und er ist zufällig ihr..."
Elcatan: „...mein Sohn. Ich bin sehr stolz auf ihn."
Vandeman: „Und er ist auch der Leiter dieses Instituts mit einer großartigen Mitarbeiterschaft. Wir haben alle hier kennengelernt. Es sind kluge Köpfe, die hart arbeiten. Aber würden Sie bitte so freundlich sein und uns

zunächst einmal das Papyrus-Stück in Ihrer Hand zeigen und es beschreiben?"

Elcatan: „Gern, Herr Vandeman. Dies ist eine Seite des ältesten Buches der Welt, bekannt als ‚Das Buch der Toten.' Diese Seite beschreibt die Einbalsamierungszeremonie für die Leichname der Pharaonen. Alles ist in Hieroglyphen aufgeschrieben worden."

Vandeman: „Sehr interessant; erst vor kurzem haben Sie uns ein schönes Stück Papyrus gezeigt, auf dem Sie selbst einen ganzen Brief geschrieben haben. Es ist nahezu unverwüstlich, nicht wahr?"

Elcatan: „O ja, das ist es."

Vandeman: „Und hier ist ein anderes Stück. Das finde ich am schönsten. Würden Sie uns bitte sagen, wer das ist?"

Elcatan: „Es ist Königin Nofretari, die Ehefrau von Ramses II., einem der berühmtesten Pharaonen aus der 19. Dynastie des antiken Ägypten."

Vandeman: „Eine sehr schöne Frau... Und nun, Frau Elcatan, sind wir gespannt darauf, daß Sie uns zeigen, wie man Papyrus herstellt."

Elcatan: „Dies ist der Stamm einer königlichen Papyruspflanze, die im antiken Ägypten wegen ihrer Pyramidenform als heilige Pflanze angesehen wurde. Sie wurde deshalb als heilig angesehen, weil sie symbolisch die Form von Sonnenstrahlen hat, die auf die Erde fallen und Menschen, Tieren und Pflanzen Leben geben.

Aber nun zur Herstellung des Papyrus! Ich schneide ein Stück vom Stiel in der gewünschten Größe ab. Dann nehme ich wie zur Zeit der Pharaonen die äußeren Schichten mit der Hand ab. Aus diesen Fasern stellten die alten Ägypter Sandalen her, Körbe und sogar kleine Boote, um im Nil zu fischen. Aus dem Inneren des Schilfrohrs bereiteten sie das Material, womit die Mumien eingehüllt wurden. Das Material für die Papyrusseiten wurde ebenfalls aus dem Inneren des Stiels gewonnen, nämlich aus solch einem weißen Stück, wie Sie es hier in meiner Hand sehen.

Dieser weiße Teil wurde in sehr dünne Scheiben geschnitten, wie Sie es hier sehen. Die alten Ägypter haben sie früher zu weichen Blättern gehämmert. Heute rollen wir sie aus, weil es leichter und schneller geht. Aus drei Gründen rollen wir sie aus oder hämmern sie. Einmal, um die Fasern miteinander zu verschmelzen. Zweitens, um den größten Teil der nicht erwünschten Substanzen auszupressen. Sie können hier die Flüssigkeit sehen. Drittens, um das Blatt flexibler zu machen, wie Sie feststellen können. Sonst würde es brechen.

Nach dem Ausrollen weiche ich Papyrusblätter für genau sechs Tage in Wasser ein. In den Experimenten habe ich herausgefunden: Wenn ich sie weniger als sechs Tage einweichte, war das Ergebnis ein sehr hartes Papierblatt, das leicht brach. Wenn ich sie länger als sechs Tage einweichte, haben Bakterien das Material angegriffen. Aber in genau sechs Tagen hatte ich eine Rolle von sehr brauchbarem Papyrus.

Während der sechs Tage im Wasser verlieren die Seiten 90 Prozent der in ihnen enthaltenen Glukose. Die restlichen zehn Prozent Zucker sind genau die Menge, die gebraucht wird, weil ich dem Wasser nichts hinzusetze und das Wasser auch nicht erneuere.

Nach den sechs Tagen lege ich je zwei Seiten des

Papyrus auf ein Stück Filz, das mit Baumwolle eingeschlagen ist – eine Seite längs und die andere quer. Anschließend decke ich sie mit einem Stück Baumwolle und noch einem Stück Filz zu. Dann presse ich das Ganze sechs Tage lang, wobei ich das Tuch alle fünf Stunden austausche, und das Tag und Nacht, um alles Wasser und alle Feuchtigkeit herauszubekommen. Mit anderen Worten, ich benötige also 12 Tage, um ein Stück Papyrus herzustellen. Nach 12 Tagen ist die Seite Papyrus fertig, und so sieht sie dann aus. Eine perfekte Seite Schreibpapier, das älteste der Welt, das 42 Jahrhunderte lang benutzt wurde und auf dem bis zum 10. Jahrhundert alle heiligen Bücher geschrieben wurden – ob Thora oder Talmud, Neues Testament oder Koran."

So weit der kurze Einblick in die Herstellung des Papyrus.

Gott muß Ägypten geliebt haben, sogar sehr geliebt haben. Er hat so viel unternommen, um dieses Volk von den vielen falschen Göttern zu befreien, von ihrem Sonnenkult, ihrer Anbetung des Nils, ihrer Anbetung von Tieren und sogar Fröschen.

Den Ägyptern wurde jede nur mögliche Gelegenheit gegeben, um zu erkennen, wie kraftlos ihre Götzen waren. Ihre Sonne verließ sie. Ihr Fluß wurde in Blut verwandelt. Ihre heiligen Tiere starben. Und die Frösche – die „schleimige Pest" – wurde unerträglich.

Gott hat sich auf jede nur mögliche Art und Weise den Ägyptern zu erkennen gegeben. Vor ihnen wurde all das demonstriert, was sie brauchten, um den wahren Gott zu erkennen. Wiederholt erfuhren sie die Macht des wahren

Gottes im Gegensatz zur Machtlosigkeit ihrer eigenen Götter. Sie sahen, daß die Strafgerichte Gottes gewiß sind — und sehr, sehr wirklich. Sie sahen, wie besorgt Gott um sein Volk war — und auch um viele Ägypter, die sich im Glauben an ihn wandten. Sie sahen, daß Vertrauen zu Gott und nicht in die Pyramiden ihre Sicherheit gegen die Unwägbarkeiten bezüglich des Lebens nach dem Tode war. Sie kannten auch den wahren Sabbat, denn sie wußten um treue Hebräer, die dafür grausam bestraft wurden, weil sie an diesem heiligen Tag nicht arbeiten wollten. Aber nur wenige Ägypter bemühten sich um Informationen — weder durch ihre Sklaven noch durch den Gott ihrer Sklaven.

Schließlich wurde ihnen die Macht Gottes unauslöschlich eingeprägt, als sie sahen, wie die Hebräer als ein freies Volk Ägypten verließen. Zuvor aber erlebten sie jene schreckliche Nacht, als die letzte der göttlichen Plagen über Ägypten hinwegging. Nie zuvor wurde die Macht Gottes anschaulicher dargestellt.

Die Warnung erging an die Ägypter genauso wie an die Hebräer. Um Mitternacht ging der vernichtende Engel durch das Land, und die Erstgeburt in jedem Haus starb, es sei denn, daß das Blut eines Lammes am Türpfosten zu finden war.

Es reichte jetzt nicht aus, nur ein Hebräer zu sein. Es reichte jetzt nicht aus für einen Ägypter, nur in einem hebräischen Haus Zuflucht zu suchen. Es war nicht genug, nur an einen kommenden Erlöser zu *glauben*. In dieser entscheidenden Nacht verlangte Gott, daß der Glaube *handeln* mußte. Der Glaube mußte durch das Blut am Türpfosten sichtbar ausgedrückt werden!

Gott liebte auch Ägypten. Genauso wie er Babylon liebte und den Propheten Daniel an den Hof des Königs schickte, so liebte er Ägypten und sandte Mose an den königlichen Hof. Der Unterschied liegt nur in der Antwort auf seine Liebe. Der König von Babylon bekehrte sich. Der Pharao verhärtete sein Herz.

Erkennst du, wie sehr Gott die Völker dieses rebellischen Planeten liebt? Erkennst du, wie sehr Gott die Städte liebt – sogar die empörerischen Städte? Siehst du, wie sehr er die Menschen liebt? Denn Menschen sind die Seele der Städte, das Herz der Völker, das Leben des Planeten. Für Menschen – Menschen wie du und ich – ist Jesus gestorben. Nicht für die Paläste, in denen die Könige wohnen. Nicht für die großartigen Bauten, die die Skyline der Städte ausmachen. Nicht für Beton und Stahl und Neonröhren! Sondern für Menschen.

Erkennst du, wie weit unser Herr geht, um einen Mann oder eine Frau davon zurückzuhalten, eine falsche Entscheidung zu treffen?

All dieses Mitleid – diese Fürsorge für unsere Erlösung – ist der Inhalt der Bibel. Lies sie täglich, und laß ihre Botschaft dein Herz gewinnen!

Das Drama vom Toten Meer

Unsere Geschichte beginnt vor einer einsamen Höhle am Abhang eines verlassenen Berges an der windumtosten Küste des Toten Meeres in Israel. Eine Höhle jedoch, in der eine aufsehenerregende Entdeckung gemacht wurde, die uns tausend Jahre der Zeit näherbringt, in der die Worte unserer Bibel von den Propheten geschrieben wurden.

Aber wir wollen zunächst den Standort klären. Von Jerusalem aus müßte man etwa 40 km mit dem Wagen nach Osten in Richtung auf das Jordantal und das Tote Meer fahren. Wenn man die einsame Straße nach Jericho hinter sich hat und auf dem Hügel steht, neben dem Jericho versunken liegt, und schaut ostwärts über die Dattelpalmen der Jericho-Oase, sieht man den Jordan. Das ist der Fluß, an dem Johannes der Täufer gepredigt hat und in dem Jesus getauft worden ist.

Der Reiseführer erklärt, daß, wenn man nach Westen blickt, einen Berg entdeckt. Hoch oben auf diesem Berg soll nach Aussage der Tradition der Platz sein, wo Jesus nach seiner Taufe vom Teufel versucht worden ist.

Wenn man aber auf dem Hügel von Jericho steht und direkt geradeaus schaut, sieht man den matten Glanz des Toten Meeres, von den grau-braunen Bergen der Wüste Juda eingerahmt. Und dort, hinter den ersten Bergausläufern am Toten Meer, in einer Wildnis von rauher Schönheit, in den ausgedörrten Hügeln, die von Höhlen durchsetzt sind, dort beginnt unsere Geschichte.

Das Leben in einer solchen Einöde, umgeben von dieser Einsamkeit, war der Alltag der Beduinenjungen, die dort ihre Schafe hüteten. Sie lebten so vor sich hin – bis ein Tag im Jahre 1947 alles änderte.

Es wird uns erzählt, daß sich die Geschichte auf folgende Art und Weise abspielte. Der 15jährige *Mohammed ad Dhib* suchte nach einer verlorengegangenen Ziege, als er gelangweilt einen Stein in eine Höhle an der Seite der Klippen warf. Aber das Geräusch, das er hörte, war nicht der bekannte Ton, wenn Stein auf Stein trifft. Es war vielmehr das Geräusch von zerbrechender Töpferware. Angstvoll lief er weg, weil er sich vor bösen Geistern fürchtete.

Aber war es ein böser Geist? Oder war es Gold?

Am nächsten Morgen hatte er sich so weit wieder beruhigt, daß er einen Freund überredete, mit ihm zur Höhle zurückzukehren, denn er war inzwischen davon überzeugt, daß dort ein Goldschatz liegen müsse.

Vergegenwärtigen wir uns ihre Enttäuschung, als sie nur zerbrochene Tonkrüge und einige alte Lederrollen fanden. Sie wußten nicht, was sie mit ihrem Fund machen sollten, aber sie nahmen eine der Rollen mit nach Hause und entrollten sie. Sie reichte von einer Seite des Zeltes zur anderen.

Sie kehrten zurück, um noch mehr zu holen. Wochenlang wanderten sie mit ihren Rollen herum, ohne zu wissen, was sie damit machen sollten. Schließlich nahmen sie sie mit nach Bethlehem zu einem syrischen Christen, der allgemein *Kando* genannt wurde und der ein Lebensmittelgeschäft mit Schuhmacherei betrieb. *Kando* war an den Rollen nicht interessiert, aber er behielt sie, weil er meinte, daß das alte Material zum Besohlen der Schuhe gut wäre. Jemand hat daraufhin festgestellt, daß „bereits der Gedanke, daß das älteste Manuskript der Bibel stückweise dazu benutzt worden sein könnte, um Schuhe zu besohlen, ausreicht, das Herz eines jeden Wissenschaftlers zum Stillstand zu bringen".

An dieser Stelle fügen wir die aufregende Geschichte von *Elazar L. Sukenik* ein, Professor für Archäologie an der Hebräischen Universität in Jerusalem. Am Sonntag, den 23. November 1947, erhielt er den dringenden Anruf eines armenischen Freundes, der mit Antiquitäten handelte. Dieser erzählte ihm, daß er etwas Interessantes für ihn hätte, könne ihm aber am Telefon nicht sagen, worum es ginge.

Die britischen Sicherheitskräfte hatten die Stadt in militärische Zonen eingeteilt, die mit Stacheldraht umzäunt waren und von Posten bewacht wurden. So trafen sich die Freunde am nächsten Morgen am Tor zum Militärbezirk B und waren bei ihrer bedeutsamen Unterhaltung durch Stacheldraht getrennt.

Der armenische Freund nahm ein Stückchen Leder aus seiner Brieftasche. Darauf befanden sich hebräische Schriftzeichen. Er erzählte von einem alten Antiquitätenhändler aus Bethlehem, der am Tag zuvor zu ihm gekommen sei mit der Geschichte von Beduinenjungen, die Rollen mitgebracht hätten, die sie in einer Höhle gefunden haben wollten. Die Jungen hätten sie ihm zum Kauf angeboten. Aber waren sie echt? Es gab nur einen Weg, um das herauszufinden. Sie mußten nach Bethlehem gehen. Aber Bethlehem lag im arabischen Gebiet. Und eine solche Reise würde sehr gefährlich sein!

Sie würde gefährlich sein, weil 10000 km entfernt, am Lake Success in New York, die Vereinten Nationen jeden Tag über eine Resolution abstimmen konnten, die die Gründung eines jüdischen Staates beschließen würde. Und der im Untergrund operierende Geheimdienst berichtete, daß ein arabischer Angriff überall im Lande die Folge wäre.

Sie entschieden sich, das Risiko auf sich zu nehmen. Aber Professor *Sukenik* machte den Fehler, seiner Frau davon zu erzählen. Und das bedeutete – man kann es verstehen – einen Aufschub. Am Freitag besuchte sein Sohn, *Yigael Yadin,* der sowohl Archäologe als auch ein ausgezeichneter Soldat war, seine Eltern. Er war ebenso begeistert wie sein Vater. Aber auch er riet davon ab, die Reise zu unternehmen.

Am nächsten Morgen ging sein Vater mit seinem armenischen Freund nach Bethlehem, ohne etwas davon zu erzählen. Die Reise verlief ohne Zwischenfälle. Die Rollen wurden ihm zur Einsicht überreicht. Seine Hand zitterte, als er begann, eine davon aufzurollen. Er las ein paar Sätze, und er berichtet: „Ich schaute und schaute, und dann hatte ich plötzlich das Gefühl, daß ich von der Vorsehung dazu ausersehen war, eine hebräische Schriftrolle anzustarren, die mehr als 2000 Jahre nicht gelesen worden ist."

Stunde um Stunde verging, während der Professor und sein armenischer Freund in orientalischer Langatmigkeit mit den arabischen Händlern schacherten. Am Ende der Verhandlung aber verließen die beiden Freunde das baufällige Gebäude mit drei wertvollen Rollen, in Papier eingepackt, unter dem Arm des Professors versteckt. So kam es, daß drei der Rollen vom Toten Meer an dem Tage in den Besitz des Staates Israel kamen, an dem die Gründung des Staates Israel ausgerufen wurde, wie es die UN-Resolution vorsah.

Aber das ist noch nicht die ganze Geschichte. Es gab noch vier weitere Rollen − diejenigen, die *Kando,* dem Flickschuster in Bethlehem, überlassen worden waren. Sie wurden von dem syrischen Metropoliten des St. Markus-Klosters in der Altstadt von Jerusalem erworben. Einmal wurde es Professor *Sukenik* erlaubt, sie zu untersuchen. Aber der Metropolit entschied sich, sie nicht zu verkaufen. Statt dessen schmuggelte er sie nach Amerika, weil er hoffte, dort einen höheren Preis zu erzielen. Der Professor war außerordentlich enttäuscht, weil er der Meinung war, daß diese Rollen von unschätzbarem Wert, deren eine die berühmte Jesaja-Rolle war, für das jüdische Volk verloren sein würden. Der Professor starb im Jahre 1953 und glaubte bis zuletzt, daß sich daran nichts ändern ließe. Er erfuhr nicht mehr, daß die Schriftrollen wieder nach Israel zurückgekommen sind − und daß sein Sohn *Yigael Yadin* etwas damit zu tun haben würde.

Im nächsten Jahr, 1954, besuchte *Yigael Yadin* auf einer Vorlesungsreise die Vereinigten Staaten. Der Metropolit, der noch keinen Käufer für die vier Rollen gefunden hatte, veröffentlichte ein Inserat − man höre und staune − im Wall Street Journal. Ein Journalist lenkte die Aufmerksamkeit *Yadins* auf dieses Inserat, der sofort durch einen Mittelsmann die delikaten Verhandlungen begann, um die Rollen zu kaufen. Der vereinbarte Preis betrug 250 000 Dollar. Und im Februar

1955 waren alle sieben Rollen vom Toten Meer sicher im Besitz des Staates Israel, wo sie seither im „Schrein des Buches" in Jerusalem ausgestellt sind.

Yigael Yadin, fünf Jahre lang Vize-Premier von Israel, Wissenschaftler, einer der führenden Archäologen der Welt und Wiederentdecker von Masada, dazu Armeegeneral und bereits mit 30 Jahren Stabschef der israelischen Armee. Während des Unabhängigkeitskrieges, der 1948 ausbrach, entwickelte er die Strategie des Wüstenkrieges, die teilweise auf seinem Studium der im Alten Testament beschriebenen militärischen Auseinandersetzungen beruhte. Ich gebe hier auszugsweise den Wortlaut eines Interviews mit Prof. *Yadin* wieder.

Vandeman: „Professor, vor etwa 35 Jahren wurde eine Nation wiedergeboren. Ich habe es immer als eine Ehre angesehen, daß ich zu dieser Zeit in Jerusalem weilte und in der Versammlungshalle unter der großen Menge autorisierter Delegierter sitzen konnte und über Kopfhörer an dem erregenden Geschehen teilhatte. Sie können sich natürlich das große Interesse und die Freude dieser Stunde vorstellen, denn als General waren Sie zu dieser Zeit direkt daran beteiligt... Wir wollen 35 Jahre zurückgehen, zu diesem großen Schauspiel, das sich rund um die Versammlungshalle abspielte. Es gab jedoch noch ein anderes Drama, das sich abspielte, ohne daß kaum jemand etwas davon wußte. Sie und Ihr Vater waren unter den Hauptakteuren."

Yadin: „Ich muß sagen, daß Sie mich mit dieser Sache wirklich überraschen, aber es ist wahr. Zu dieser Zeit arbeitete ich im Untergrund. Wir hatten eine Untergrundarmee. Ich war ihr Oberbefehlshaber und kam gerade nach Jerusalem, als die Vereinten Nationen untersuchten, ob die Menschen hier auf die Unabhängigkeit vorbereitet waren. Ich besuchte damals meinen inzwischen verstorbenen Vater. Er sprach so begeistert von einem Lederfragment. Er sagte: ‚Das ist die größte Entdeckung, die jemals gemacht worden ist.' Ich erinnere mich daran, daß er zu mir sagte: ‚Dies ist mindestens 2000 Jahre alt. Was soll ich tun? Die Dokumente befinden sich in Bethlehem. Vielleicht morgen oder übermorgen wird es dort Aufruhr geben wegen der Entscheidung der Vereinten Nationen.' Ich erwiderte: ‚Papa, ich weiß wirklich nicht, was ich dir raten soll. Als General sollte ich dir verbieten, dorthin zu gehen. Als Archäologe würde ich gehen. Und als Sohn halte ich meine Meinung zurück.' Später sagte ich ihm tatsächlich, daß er nicht gehen solle. Aber glücklicherweise ging er hin. An jenem Tag, von dem Sie sprachen, kam er mit den ersten drei Rollen zurück, einschließlich einer der Jesaja-Rollen. Dies war der wirkliche Anfang um das erregende Geschehen der Rollen vom Toten Meer."

Vandeman: „Großartig, sich vorzustellen, daß Sie die ganze Zeit erlebt und eine solche aktive Rolle darin gespielt haben! Professor, Sie kennen sicher Dr. *Frank Cross,* dem auch eine bedeutsame Rolle bei der Entdeckung zukam. Eine interessante kleine Begebenheit ereignete sich in Verbindung mit ihm.

Augenscheinlich begleitete ihn seine dreijährige Tochter bei seinem Besuch in Höhle 4. Und wie Sie wissen, trampelten die Beduinen inzwischen seit einigen Jahren auf den Lederrollen herum und zerbrachen sie in Hunderte kleine Stücke. Das kleine Mädchen fragte: ‚Papi, wer hat dieses Telefonbuch zerrissen?'

Diese kleinen Stücke waren jedoch ein wichtiges Verbindungsglied. Unsere Kameras waren in das Museum gebracht worden. Sie zeichneten den Vorgang der Zusammensetzung der Gazellenhäute von der Rückseite auf, denn man hatte die Hoffnung, Schrift auch auf der anderen Seite zu finden. Könnten Sie uns erzählen, wie das gemacht wird?"

Yadin: „Nun, wir sollten den Anfang mit den guten Neuigkeiten machen. Wir haben einige komplette Rollen. Zum ersten Mal haben wir vollständige biblische Bücher im antiken hebräischen Text, wie sie vor 2000 Jahren benutzt worden sind, vor uns. Es ist erstaunlich, wie sie in die traditionelle Bibel passen, die wir alle benutzen. Unglücklicherweise wurden aber auch Tausende von Fragmenten gefunden. Übrigens bestehen die meisten von ihnen nicht aus Gazellenleder, sondern aus normalen Schafshäuten.

Natürlich ist das ein ungewöhnliches Puzzle. Aber bei den biblischen Büchern ist es viel einfacher, weil wir es mit einem bekannten Text zu tun haben. Wenn wir also ein Fragment fanden, auf dem vielleicht nur zwei oder drei Wörter waren, die man lesen konnte – nehmen wir an, solche aus dem 44. Kapitel des Jesaja –, dann kann man die anderen Fragmente besser identifizieren und sie können leichter zusammengesetzt werden.

Erstaunlich ist, wie ich bereits früher sagte, daß außer dem Buch Esther alle biblischen Bücher des Alten Testaments in Fragmenten vorhanden sind. Die vollständigen Rollen sind in dem ‚Schrein des Buches' in Jerusalem aufbewahrt, wo sie für die Ewigkeit erhalten bleiben."

Vandeman: „Wunderbar! Um es einfacher zu sagen, Herr Professor, wir sind im Land der Bibel."

Yadin: „Das ist richtig."

Vandeman: „Jeremia, Hesekiel, Jesaja. Ihre Schriften, ihre eigenhändig geschriebenen Originale sind längst nicht mehr da. Wir haben also die Kopie einer Kopie einer Kopie, und niemand weiß, wie viele Kopien angefertigt wurden. Dies führt natürlich zu der Frage: Können wir uns heute noch auf das Wort Gottes verlassen, daß es sich um eine genaue Übermittlung aus der Vergangenheit handelt? Haben sich keine Fehler eingeschlichen? Lassen Sie mich eine Frage stellen: Aus welcher Zeit stammten bis zu dieser Entdeckung die ältesten hebräischen Manuskripte, die wir hatten?"

Yadin: „Etwa aus der Zeit 1000 n. Chr. Das älteste hebräische Manuskript stammte aus dem 10. Jahrhundert. Plötzlich haben wir nun Manuskripte, die dem Original um mindestens 1000 Jahre näher sind. Sie erwähnten Jesaja, einen der größten Propheten, der etwa um 710 v. Chr. lebte. Nun wird eine der vollständigen Jesaja-Rollen, die wir im ‚Schrein des Buches' hier in Jerusalem haben, in die zweite Hälfte des zweiten Jahrhunderts v. Chr. datiert. So ist sie tatsächlich nur fünf oder sechs Jahrhunderte später kopiert worden, als Jesaja jene Worte gesprochen hatte. Mit anderen Worten, wir sind so nah wie möglich an die ursprünglich gesprochenen Worte herangekommen, die durch den Propheten ausgesagt wurden. Die überraschende Tatsache ist, daß wir nicht nur näher an die Worte herangerückt sind, die durch den Propheten gesprochen worden waren, sondern wenn wir die Rollen mit dem vergleichen, was wir als die traditionelle Bibel kennen, mit der wir aufgewachsen sind, erkennen wir, daß diese Kopien sehr genau sind."

Vandeman: „Wir sind darüber sehr froh. Professor Yadin, ich bin sicher, Sie wissen, was das für uns bedeutet. Besten Dank!"

Yadin: „Ich habe zu danken. Es hat mir große Freude gemacht."

So weit das Gespräch mit Professor *Yadin*.

Sicher brauche ich nicht zu erwähnen, daß das ganze Gebiet einem Bienenkorb glich, als man von der Entdeckung der Rollen in der Nähe des Toten Meeres erfuhr. Als die Beduinen erkannten, daß die Rollen von großem Interesse für die Wissenschaftler waren, sind sie in alle Richtungen ausgeschwärmt, um jede nur mögliche erkennbare Spalte, Felsformation und Berghöhle zu durchkämmen, die eventuell noch mehr von diesen wertvollen Rollen beherbergten. Ein Beduinenstamm von Schafhirten, so schien es, wurde über Nacht ein Stamm von Amateur-Archäologen.

Das bedeutet nicht, daß die führenden Wissenschaftler uninteressiert oder untätig gewesen wären. Doch der Krieg, der 1948 ausbrach, machte einen freien Zugang zu diesem Gebiet schwierig. Aber noch etwas: Sie kannten die genaue Lage der Höhle nicht, in der die ersten Rollen gefunden worden waren. Im Januar 1949 fand Hauptmann *Lippens* die Höhle. Ihm folgten bald *Gerald Lankester Harding* und *Père de Vaux,* die sich anschickten, eine systematische Ausgrabung der Stelle vorzunehmen.

Jedoch machten die Beduinen mit ihrer Wüstenerfahrung, ihren scharfen Augen und ihrem schier unendlichen Vorrat an Zeit die wichtigsten Entdeckungen. Besucher der Gegend hatten weder die Zeit noch die Mittel, um mit ihnen zu konkurrieren.

Die Entdeckung der Rollen in den Höhlen in der Nähe des Toten Meeres wirft sofort die Frage auf: Wer hat die Rollen versteckt? Wer hat in so mühevoller Arbeit die Schrift auf diese Lederrollen kopiert und sie dann in den Höhlen verborgen? Haben sie selbst in den Höhlen gelebt?

Zwischen den Bergen und dem Meer gibt es ein Plateau. Auf diesem Plateau, etwa vier- oder fünfhundert Meter östlich von den Höhlen, liegen einige antike Ruinen, die den Arabern schon lange als Khirbet Qumran bekannt waren. *De Vaux* und *Harding*, die sich fragten, ob es eine Verbindung zwischen den Rollen und diesen Ruinen gab, entschieden sich, diese auch auszugraben. Diese Ausgrabungen in Qumran, die 1951 begannen, sollten aufschlußreiche und spannende Informationen bescheren.

Sie sollten erfahren, daß Menschen in dieser Gegend gelebt haben und gestorben sind. Sie lebten offensichtlich in Zelten und Buden, von denen nichts übriggeblieben ist. Aber die Ruinen von Qumran enthielten Überreste von einer Art Gemeinschaftshaus. In diesem großen Gebäude gab es neben vielen kleinen Räumen mehrere große Hallen, eine Küche, eine Werkstatt und Wasserbecken. Fraglos gab es eine Verbindung zwischen diesen Menschen und den Rollen, denn in dem Gebäude wurden Tausende von Tonscherben derselben Art gefunden wie diejenigen, die die Rollen enthielten.

Unter den wichtigsten Funden befand sich ein großer Tisch aus übertünchtem Ton und die Reste von zwei kürzeren Tischen. Es ist möglich, daß sie als Eßtische benutzt wurden. Aber *de Vaux* entdeckte auch zwei Tintenfässer, eins aus Bronze und eins aus Ton. Es ist daher logisch anzunehmen, daß es nicht ein Eßraum war, sondern ein Schreibraum, ein Skriptorium, in dem die Heilige Schrift kopiert wurde.

Wer waren diese Menschen? Es wird angenommen, daß das ausgegrabene Gebäude ein Gemeinschaftszentrum der Essener war, einer religiösen Sekte aus den Tagen Christi, deren Angehörige in der Abgeschiedenheit lebten und ihre Tage damit verbrachten, das Alte Testament abzuschreiben.

Es war ein für mich glücklicher Umstand, daß ich 1957 gerade dann in Jordanien ankam, als der Leiter für Altertümer in Jordanien, Dr. *Dajani,* und der bekannte Forscher *Père de Vaux* dabei waren, eine neue Grabung in diesem berühmten Gemeinwesen vorzunehmen. Auf Grund ihrer Einladung haben unsere Kameras als erste die Eröffnung dieses neuen Abschnitts aufgenommen.

Während wir auf einem ausgegrabenen Turm standen, erklärten uns die Forscher die lebenswichtige Besonderheit dieses „Nervenzentrums" der Essener. Wir sprachen über das Skriptorium, in dem die heiligen Schriften kopiert wurden. Und ich fragte Dr. *de Vaux,* wo das Skriptorium läge.

„Wissen Sie", erklärte er, „es war in dem langen

Raum, wo wir so viele Gipsformen fanden. Weil wir nicht wußten, was sie bedeuteten, nahmen wir diese Stücke sehr sorgfältig verpackt mit nach Jerusalem, wo sie von unseren Leuten zusammengesetzt wurden. Wir hatten das Glück, daß wir mit den Tischen zwei Tintenfässer fanden, und in einem von ihnen war noch die Tinte. Die Tinte wurde analysiert, und es war dieselbe Tinte wie auf den Manuskripten. Wir können daher sicher sein, daß zumindest einige der Manuskripte auf jenem Tisch unter Verwendung der Tintenfässer und der Tinte geschrieben worden sind."

Ich werde nie den Enthusiasmus von Dr. *de Vaux* vergessen, als er beschrieb, wie die Tinte in den Tintenfässern analysiert und sie mit der Tinte verglichen wurde, die auf den Rollen benutzt worden war, und man dabei herausfand, daß es die gleiche war.

Hast du dich schon gefragt, ob wir uns auf die Bibel verlassen können, so wie wir sie jetzt haben? Bist du bei dem Gedanken beunruhigt gewesen, ob sich bei all dem Abschreiben durch die Jahrhunderte vielleicht ein Fehler eingeschlichen haben könnte, da vielleicht kein zuverlässiger Bericht mehr existiert von dem, was die biblischen Schreiber wirklich gesagt haben?

Erkennst du jetzt, wie Gott sein Wort geschützt und es vor Irrtum bewahrt hat? Ist dir bewußt, daß diejenigen, die die Schrift kopiert haben, so sorgfältig waren, daß sie sogar die Wörter, die Silben und die Buchstaben gezählt haben, um Zusätze und Auslassungen zu vermeiden?

Vor allem aber haben uns die Schriftrollen vom Toten Meer, besonders die Jesaja-Rolle, demonstriert, daß wir der Genauigkeit der Bibel vertrauen können.

Gott sagte durch den Propheten Jesaja: „So soll das Wort, das aus meinem Munde geht, auch sein: Es wird nicht wieder leer zu mir zurückkommen, sondern wird tun, was mir gefällt, und ihm wird gelingen, wozu ich es sende." (Jesaja 55, 11.)

So ist es immer gewesen. Und so wird es immer sein!

Wäre es nicht eine Tragödie, das ganze Leben hindurch das Wort Gottes in Frage gestellt und angezweifelt zu haben, wenn man sich die ganze Zeit darauf hätte verlassen können? Man hätte fest darauf stehen können, wenn alle anderen Stützen weggefegt worden wären. Es ist eine Tragödie, das erst so spät herauszufinden. Aber es ist schlimmer, es niemals herauszufinden!

Nie zuvor war dieses Buch so nötig wie heute!

Die Bibel in England

Pomp und Prunk ist immer schon ein Teil des erhabenen alten Großbritannien gewesen. Es bereitet immer wieder Vergnügen, das bei bestimmten Anlässen zu sehen. So stand ich kürzlich vor dem Buckinghampalast, um den Wachwechsel zusammen mit Tausenden anderer Besucher zu beobachten.

Ich war jedoch aus einem anderen Grund in Großbritannien − um eine faszinierende Geschichte wieder lebendig werden zu lassen und nach den Wurzeln der englischen Bibel zu forschen. Denn hier im alten England ist es immer noch möglich, den Puls der Reformationstage zu fühlen und den Geist der Menschen einzufangen, die dafür gelebt haben und dafür gestorben sind, um uns die Bibel zu geben.

John Wyclif. Ist er für uns nur ein Name? Er wird der „Morgenstern der Reformation" genannt.

Man muß wissen, daß vor der Reformation, außer unter den Waldensern, die Bibel generationenlang in Sprachen verschlossen war, die nur die gelehrten Leute verstanden. Aber Gott war dabei, sein Wort von den Ketten zu befreien. Es war die Zeit gekommen, daß die Bibel übersetzt und den Menschen in ihrer eigenen Sprache gegeben wurde.

Dies wollte *John Wyclif* für England tun. Aber das war eine gefährliche Aufgabe. Immer wieder schien es, als führte seine Mühe direkt in den Flammentod. Doch Gott beschützte seinen Diener.

Plötzlich wurde sein Werk unterbrochen. Obwohl noch keine 60 Jahre alt, wurde *Wyclif* von einer gefährlichen Krankheit heimgesucht. Er war dem Tode nahe, und seine Feinde eilten an sein Bett, um seinen Widerruf zu vernehmen. „Du hast den Tod auf den Lippen", sagten sie, „laß ab von deinen Fehlern und widerrufe in unserer Gegenwart alles, was du gesagt hast, um uns zu kränken."

John Wyclif hörte still zu. Dann bat er seinen Pfleger, ihm in seinem Bett aufzuhelfen. Er schaute seine Widersacher an, die darauf warteten, daß er widerriefe, und sprach mit fester, starker Stimme, die sie so oft das Fürchten gelehrt hatte: „Ich werde nicht sterben, sondern leben." Und seine Feinde flüchteten erschrocken aus seinem Zimmer.

Und er lebte. Gott beschützte ihn, bis seine Aufgabe erfüllt war, bis die englische Übersetzung der Bibel fertig war. Er hat in die Hand des englischen Volkes ein Licht gelegt, das nie mehr ausgelöscht werden sollte.

Ich reiste zu seiner Kirche in Lutterworth und stand auf seiner Kanzel, von der für so lange Zeit seine furchtlose Stimme zu hören war. Ich stand auf der Kanzel dieses großen Reformators und sprach vor den Kameras.

Vor sechshundert Jahren entzündete der Pfarrer dieser schönen Kirche in Lutterworth ein Feuer, das nie zu brennen aufgehört hat. Bevor der Buchdruck erfunden wurde, übersetzte er Teile der Schrift ins Englische, schrieb sie auf Pergament, gab sie den Laienpredigern und schickte sie über die Britischen Inseln.

Der Einfluß ihres einfachen und aufrechten Dienstes und besonders der Einfluß des Wortes Gottes ist jahrhundertelang auf den Britischen Inseln spürbar gewesen.

Und nun, 600 Jahre später, stehe ich an diesem verehrungswürdigen Ort, wieder mit dem Wort Gottes in der Hand, aber mit Fernsehen und Radio zu meiner Verfügung. Möge der Herr mir helfen, genauso treu die Wahrheiten der Bibel mitzuteilen, wie *John Wyclif* es in härterer Zeit getan hat.

Eine göttliche Hand bereitete den Weg für die Reformation. Aber der Weg war nicht leicht. Die Schriften von *John Wyclif* wurden verdammt und verbrannt. *Hus* und *Hieronymus,* Gottes treue Lichtträger, die nicht bereit waren, die Schrift zu widerrufen, gingen singend in den Feuertod.

Martin Luther übersetzte das Neue Testament ins Deutsche. *Lefevre* veröffentlichte in Frankreich das Neue Testament in Französisch, und es war *Tyndale,* der das Werk von *Wyclif* vollendete, indem er England die Bibel gab. Die Übersetzung von *Wyclif* gab es nur handschriftlich auf Pergament, denn der Buchdruck war noch nicht erfunden.

England jedoch schloß bald seine Tore für *Tyndale,* und er wurde gezwungen, in Deutschland Schutz zu suchen. Dort übersetzte er das Neue Testament ins Englische und begann mit dem Druck. 3000 Exemplare waren bald fertig, und eine weitere Auflage folgte noch im selben Jahr.

Tyndale starb um seines Glaubens willen den Märtyrertod. Aber England hatte seine Bibel, seine gedruckte Bibel. Und das Licht konnte nicht mehr ausgelöscht werden.

Die Tyndale-Bibel ist der hochgeschätzte Besitz des

baptistischen Colleges in Bristol (England). Wir sind dorthin gereist, um sie zu besichtigen. Dr. *West,* der Leiter des Colleges, erlaubte mir, diesen unbezahlbaren Schatz in meinen Händen zu halten, das einzige noch existierende Exemplar des ersten Neuen Testaments, das in Englisch gedruckt worden ist.

Dr. *West* erzählte mir, daß etwa 80 Prozent der Tyndale-Bibel ohne Änderung in die King-James-Übersetzung aufgenommen wurde, die wir alle lieben – eine Übersetzung, die auf eine sehr interessante Art und Weise entstand.

England hat eine lange Geschichte religiöser Streitigkeiten. Als *Elisabeth I.,* eine starke und populäre Persönlichkeit, an die Macht kam, entwickelte sie ein einigermaßen vernünftiges Verhältnis zwischen Katholiken und Protestanten.

Aber die friedvolle Regierung von *Elisabeth I.* dauerte nicht ewig. Auf ihrem Totenbett ernannte sie ihren Cousin, König *James VI.* von Schottland, als *James I.* zum König von England. Sofort wetteiferten verschiedene Gruppen um die Gunst des jungen Königs.

Die vier wichtigsten religiösen Gruppen waren zum Kampf bereit, um ihre Vorherrschaft in England aufzurichten. Jede glaubte, den neuen König für ihre Vorhaben manipulieren zu können, weil er schwächer und weniger populär war als *Elisabeth I.*

Die Anglikaner wollten alles so beibehalten, wie es unter *Elisabeth I.* war. Sie waren sich sicher, die Unterstützung von *James I.* zu bekommen; denn nur sie konnten den König zu einem starken König machen.

Die Katholiken wollten erneut auf englischem Boden

festen Fuß fassen und hofften, daß sich *James I.* wieder dem Katholizismus seiner Kindheit zuwenden würde.

Die Puritaner wollten den Gottesdienst und die Verwaltung der Kirche schlichter machen oder reinigen. König *James* hatte sie in Schottland unterstützt, und nun hofften sie auch in England darauf.

Die vierte Gruppe, die Separatisten, wollten nur die Freiheit haben, so anbeten zu dürfen, wie es ihnen paßte, statt in die amerikanischen Kolonien fliehen zu müssen.

In der Hoffnung, einen Bürgerkrieg zu vermeiden, entschied sich der König dafür, im Januar 1604 eine Konferenz im Hampton Court Palast einzuberufen, um die Klagen der Puritaner anzuhören. Auf der einen Seite des Raumes saßen 20 anglikanische Bischöfe und Gelehrte, auf der anderen vier Puritaner. Weder Katholiken noch Separatisten waren zu dieser Konferenz eingeladen worden. Obwohl viele Dinge bei dieser Konferenz besprochen wurden, ist jene Entscheidung, die den größten Einfluß auf die Welt ausüben sollte, am zweiten Tag gefallen.

Am Ende dieses Tages erklärte *John Reynolds,* Führer der puritanischen Delegation: „Es wird Zeit, daß die Englisch sprechenden Christen eine neue Übersetzung der Schrift erhalten. Keine der vorhandenen, die uns zur Verfügung stehen, sind genaue Übertragungen der griechischen und hebräischen Texte."

Sofort widersprach *Richard Bancroft,* Bischof von London und Führer der anglikanischen Gruppe, dem Vorschlag: „Wir haben bereits die Genfer Bibel und die Bischofs-Bibel. Wir können nicht jedesmal eine neue Übersetzung herstellen, wenn jemand mit der alten nicht glücklich ist. Es gibt keinerlei Notwendigkeit für diese Diskussion, weil es keine Notwendigkeit für eine neue Bibel gibt. Die, welche wir jetzt haben, sind durchaus ausreichend, und, nebenbei gesagt, wir alle verstehen doch sowieso Latein."

Der junge König *James I.*, der von der ganzen Angelegenheit bis zu diesem Punkt ziemlich gelangweilt wurde, beteiligte sich plötzlich an der Diskussion: „Sie als chrwürdige Mitglieder der Geistlichkeit können Latein lesen. Auch ich als König kann Latein lesen. Aber was ist mit dem Rest des englischen Volkes? Können wir ihnen das Lesen der Schrift vorenthalten, nur weil sie Engländer sind? Nein! Ich glaube, daß Dr. *Reynolds* recht hat, zumindest in diesem einen Punkt. Wir brauchen eine englische Bibel, von Engländern übersetzt und von Engländern herausgegeben. So verfüge ich, daß sofort mit der Arbeit an einer neuen Übersetzung begonnen wird, die dann die autorisierte Übersetzung für alle Englisch sprechenden Christen überall auf der Welt wird.

Ich glaube fest daran, daß wir eine neue Übersetzung der Bibel herstellen können, die das Band der Einheit aller Englisch sprechenden Menschen wird. Sie kann viele Generationen lang benutzt werden. Und es wäre sehr freundlich von Ihnen, wenn Sie der Übersetzung meinen Namen gäben. Es wäre großartig, wenn die Menschen sie eines Tages die ‚King-James-Bibel' nennen würden."

Eine der schönsten Sammlungen von seltenen Bibeln und biblischen Manuskripten befindet sich in der Bodleyischen Bibliothek in der Universität Oxford, wo *Dennis Porter,* mein Freund seit 30 Jahren, Bibliothekar der

Abteilung für Manuskripte ist. Weil wir viele Stunden dort verbracht haben — mit Gesprächen und Betrachten —, kann ich nur ein paar Höhepunkte meines Besuchs erwähnen.

Die Bibliothek, die 1320 gegründet wurde, hat eine ziemlich schillernde Geschichte. 1550 wurde sie geschlossen, und *Dennis Porter* erzählt dazu folgende Einzelheiten:

„Die Lesepulte wurden zerhackt und als Feuerholz verwendet. Die Seiten wurden aus den Büchern gerissen, und die Metzger haben sie benutzt, um ihr Fleisch darin einzupacken. Die Pergament-Einbände wurden an die Schneider verkauft, damit sie die Schulterpartien in den Kleidungsstücken auspolstern konnten. Und so ist der Raum etwa 50 Jahre lang leer geblieben.

Dann trat 1598 ein Mann auf namens Sir *Thomas Bodley,* nach welchem die Bibliothek jetzt benannt ist. Sir *Thomas,* ein Absolvent von Oxford, war ein pensionierter Diplomat, und er hatte den guten Einfall, eine wohlhabende Frau zu heiraten. So entschied er sich, die Zeit seiner Pensionierung und ihr Geld dazu zu verwenden, die Universitätsbibliothek wieder aufzubauen. Das tat er von 1598 an bis zu seinem Tode im Jahr 1613. Im Jahre 1603, während die Arbeit des Wiederaufbaus noch im Gange war, kam König *James I.* auf den englischen Thron. Er hatte ein großes Interesse an dieser Bibliothek und besuchte sie oft. So sagte er bei einer Gelegenheit, wenn er nicht König von England wäre, möchte er gern ein Gefangener in der Bibliothek und an die Bücher angekettet sein. Die Bücher in jenen Tagen waren natürlich alle angekettet. Er wollte gern an die Bücher gekettet sein, um den Rest seines Lebens damit zu verbringen, sie zu studieren.

Er hat sich leider recht schlecht bei seinen Besuchen benommen. Es wird uns zum Beispiel erzählt, daß er am Abend vor seinen jeweiligen Besuchen lateinische Zitate auswendig lernte. Wenn er dann kam, griff er sich den diensthabenden Bibliothekar – einen Mann namens Sir *Thomas James* – und testete sie bei ihm.

Nun war *Thomas James* ein wesentlich besserer Gelehrter als der König und wußte wahrscheinlich alle Antworten. Aber um den König zufriedenzustellen, gab er vor, nur etwa die Hälfte davon zu kennen. König *James* ging anschließend mit dem Hochgefühl davon, einem von diesen gelehrten Männern überlegen gewesen zu sein.

Er war sogar so fröhlich, daß er mehrere Versprechen gab, Bücher aus der Königlichen Bibliothek in Whitehall an die Bibliothek in Oxford zu verschenken. Aber er hat sein Versprechen nicht gehalten. Er hat nur ein Buch verschenkt. Dabei handelt es sich um ein gesammeltes Werk, dessen Autor der König selbst war. Er schrieb Bücher über biblische Prophetie sowie ein sehr interessantes Heft mit dem Titel „Eine Entgegnung gegen den Tabak".

Er mißbilligte die neue Gewohnheit des Rauchens aus vollem Herzen, und er sprach über den schwarzen, stinkenden Rauch, der den Lungen so verhaßt ist – eine interessante Feststellung, weil sie bereits aus so früher Zeit stammt.

Wenn wir an die englische Bibel denken, müssen wir bis auf die angelsächsische Zeit zurückgehen, als es nur biblische Erzählungen gab – und keine vollständige Bibel. Bereits im 7. Jahrhundert schrieb *Caedmon* einige Nacherzählungen alttestamentlicher Geschichten und einige Psalmen. Dieses Buch ist mit wunderbaren Zeichnungen illustriert, zum Beispiel einer Arche Noah, die in drei Etagen dargestellt wird. In Farbe natürlich. Der Text ist in Angelsächsisch.

Kurz nach dem Jahr 1000 schien jedoch die angelsächsische Gelehrsamkeit zu verblassen, und während des Mittelalters errang die lateinische Bibel großen Einfluß. So müssen wir bis etwa 1380 warten, auf *John Wyclif,* ehe eine vollständige Bibel in Englisch zur Verfügung stand.

Dann wurde in der Mitte des 15. Jahrhunderts der Buchdruck erfunden, und jedermann weiß, daß die Bibel eines der ersten Bücher war, die gedruckt wurden. Die erste gedruckte Bibel ist mit dem Namen des Druckers *Gutenberg* verbunden, obwohl einige moderne Verfasser anzweifeln, ob er selbst überhaupt viel damit zu tun gehabt hat.

Im Jahre 1535 jedoch, gerade ein Jahr, bevor *Tyndale* starb, ohne die vollständige gedruckte englische Bibel abgeschlossen zu haben, brachte *Miles Coverdale* seine vollständig in Englisch gedruckte Bibel heraus, die auf der Übersetzung von *Tyndale* beruhte.

Dennis zeigte mir auch die sogenannte Große Bibel, die erste Bibel, die zum Lesen in den Kirchen zugelassen war. Ein Exemplar dieser Bibel sollte in jeder Kirche angekettet werden. Etwas später haben die Puritaner im Jahre 1550 eine Bibel herausgebracht, die man die Genfer Bibel nennt. Dann brachte mich Dennis hinunter zur ersten Ausgabe der King-James-Übersetzung, die uns allen bekannt ist. Dort sah ich das Titelblatt und auch das Datum: 1611.

Die vielleicht ergreifendste Erfahrung unseres Besuches in England lag aber noch vor uns. Denn Dennis und ich sollten in Oxford an der Stelle stehen, wo drei treue Diener Gottes ihr Leben für ihren Glauben lassen mußten. Er und ich sprachen vor unseren Kameras:

Vandeman: „In dem erregenden Geschehen um die Entwicklung der englischen Bibel gibt es einige sehr traurige Kapitel. Die Freiheit, der wir und Sie sich beim Lesen des Wortes Gottes heute erfreuen, ist mit einem sehr hohen Preis erkauft worden. Es ist eine unglaubliche Geschichte.

Da gibt es Namen wie *John Wyclif, William Tyndale, Hugh Latimer, Nicholar Ridley* und *Thomas Cranmer.* Diese Männer standen wie mächtige Felsen über den Niederungen dieser Erde, nicht weil sie eine große Armee zum Sieg geführt haben oder weil sie über eine Nation geherrscht haben, sondern wegen ihres brennenden Verlangens, die Bibel in die Sprache des Volkes zu übersetzen. Sie haben ohne Furcht ihre Botschaft verkündigt, obwohl das schon als Aufruhr gegen die damalige Autorität angesehen wurde. Ihr Eifer für die Wahrheit wurde als Kapitalverbrechen angesehen, das mit dem Scheiterhaufen bestraft werden mußte. Und die meisten dieser Männer wurden auch verbrannt.

Für uns ist das Glauben eigentlich zu leicht, nicht wahr? Ich meine, es würde uns guttun, wenn wir einmal an das Holz dächten, das unter ihren Füßen brannte. Es war wirklich da. Oder an die Flammen. Sie brannten wirklich. Und an die Menschen. Sie wurden tatsächlich verbrannt.

Nehmen wir an, Sie stünden vor der Wahl, entweder Ihren Glauben zu widerrufen oder verbrannt zu werden. Was würden Sie tun? Vielleicht ist für uns das Glauben wirklich zu leicht. Wäre etwa der Ausspruch übertrieben: Wenn man nichts hat, für das es sich zu sterben lohnt, hat man auch nichts, wofür es sich zu leben lohnt?

Dennis, wir haben eine der tragischsten Szenen des Christentums dargestellt, hier im Herzen von Oxford, in der Mitte der Broad Street, wo während der Woche der Verkehr pulsiert. Würdest du beschreiben, wie es war, als sich die Geschichte zutrug, als die Flammen tatsächlich brannten?"

Porter: „Zunächst müssen wir uns daran erinnern, daß in der Mitte des 16. Jahrhunderts, als *Cranmer, Ridley* und *Latimer* hier verbrannt wurden, die Situation ganz anders war. Die Stadt Oxford reichte damals bis zum Nordwall, der etwa 12 Meter weiter hinten verlief, wo jetzt die Geschäfte liegen. Jene aufrechten Männer waren in einem kleinen Turm eingekerkert.

Als *Ridley* und *Latimer* dort 1555 herausgeholt wurden, um verbrannt zu werden, sah *Cranmer* sie, der ein Jahr später exekutiert wurde, wie sie in den Tod gingen, und er wußte, was ihnen kurz darauf passieren würde.

Hier, wo wir auf der Broad Street stehen, war 1555 überhaupt keine Straße. Es war der Stadtgraben, der entlang der nördlichen Stadtmauer verlief. Es war ein trockener Graben, der wahrscheinlich ursprünglich für Verteidigungszwecke vorgesehen war. In diesem Graben, an genau diesem Platz, war der Scheiterhaufen errichtet. Heute erinnern wir mit diesem Gedenkstein in der Mitte der Broad Street an den Glauben dieser drei tapferen Männer, die auf dem Scheiterhaufen verbrannt worden sind.

Bei *Cranmer* war es so, daß er zuerst zur nahegelegenen St. Mary's-Kirche gebracht wurde, um seinen früheren Widerruf öffentlich zu wiederholen, den er in einem Moment der Erschöpfung abgegeben hatte. Aber nun weigerte er sich, öffentlich zu bestätigen, was er unter Ausschluß der Öffentlichkeit unterschrieben hatte. Er sagte, daß er die Hand, die das unterschrieben habe, zuerst in das Feuer werfen würde. Die entrüsteten Beamten haben ihn daraufhin auf dem Rand des Grabens, wo diese Straße jetzt verläuft, zu diesem Ort getrieben, ihn an den Pfahl gebunden und hingerichtet."

Während du dieses Buch in Ruhe liest, frei von aller Furcht vor Verfolgung, versuche dir vorzustellen, daß du neben mir in der Mitte der Broad Street im alten Oxford stehst. Könnte es eine passendere Zeit für uns alle geben, eine neue Übergabe an unseren Herrn zu vollziehen und ihn um Mut zu bitten, sie auch zu halten? Der Himmel weiß, wie bald wir ihn brauchen!

Mit und ohne Bibel

Hast du dich schon einmal gefragt, wie es wäre, wenn wir keine Bibel hätten? Wenn niemand anders als nur die öffentliche Meinung uns sagen würde, was wir tun und was wir nicht tun sollten? Wenn es keine höhere Autorität gäbe als unsere eigenen Ideen, unsere eigene selbstgestrickte Religion?

Einige haben erklärt, daß die Bibel nichts anderes sei als eine Sammlung von Mythen und Legenden – daß sie nicht intellektuell genug für unsere Generation wäre. Sie sagen, daß wir besser ohne sie auskämen.

Würden wir das wirklich? Wußtest du, daß Frankreich es einmal versucht hat – dreieinhalb Jahre lang?

Die Bibel ist vielleicht das umstrittenste Buch, das jemals geschrieben worden ist. Noch nie ist ein Buch von so vielen so sehr geliebt und so sehr gehaßt worden.

Sie hat aus Freunden Feinde gemacht. Sie hat Heime gespalten. Es wurde über sie argumentiert, debattiert, sie wurde bezweifelt und attackiert.

Doch Millionen sind für sie gestorben! Sie haben es abgelehnt, ohne sie zu leben!

Der Kampf um die Bibel ist ein Kampf von Worten und Gefühlen. Aber es ist mehr als das. Das Schwert wurde benutzt ebenso wie der Scheiterhaufen und die Guillotine. Kaum jemand hat heute eine Vorstellung, wie hart der Kampf war oder auch wieviel Blut geflossen ist!

Wir tun so, als wäre die Bibel ein Buch unter vielen

anderen, unter denen wir wählen können. Wenn wir unsere religiöse Entscheidung fällen, tun wir so, als könnten wir aus einer riesigen Bibliothek das Buch auswählen, das uns am besten gefällt, das Buch, das am besten in unsere Pläne paßt, das Buch, das von uns keine Änderung unseres Lebensstils verlangt, das mit dem niedrigsten Preisschild ausgezeichnet ist. Und es ist wahr, daß Gott uns wählen läßt! Tun wir es aber, müssen wir die Konsequenzen unserer Wahl tragen.

Manchmal ist es notwendig, daß wir uns das Ende des Weges anschauen, auf das unsere Füße zustreben. Erinnerst du dich an die Französische Revolution? Es sei denn, du bist ein Historiker oder ein Student, sonst sind die Einzelheiten nur sehr verschwommen in deinem Gedächtnis. Wir sollten jedoch oft auf die Geschehnisse in Frankreich zurückblicken. Sie geben uns einen erschreckenden Eindruck davon, was geschieht, wenn Menschen vollständig und offen die Bibel ablehnen und sie durch ihre selbstersonnene Religion ersetzen.

Frankreich steuerte auf Unruhe zu und war bereits Jahrhunderte vor der Revolution in Schwierigkeiten. Die Bibel wurde unterdrückt, und wer es wagte, sie zu verteidigen, wurde wie ein wildes Tier gejagt. Die Zahl der übriggebliebenen Christen verringerte sich rapide. Viele sind in lebenslange Sklaverei verschleppt worden. Einige der besten und intelligentesten Köpfe Frankreichs wurden zusammen mit Räubern und Mördern angekettet und erlitten eine schreckliche Tortur. Andere wurden kaltblütig erschossen, als sie, unbewaffnet und hilflos, zum Gebet auf die Knie fielen. Hunderte alter Menschen, hilfloser Frauen und unschuldiger Kinder wurden an ihren Versammlungsplätzen tot liegengelassen. Die Landschaft war von Toten übersät, und Leichname hingen an den Bäumen.

Um nur ein Ereignis zu nennen. Es war 1572, als Frankreich die Bartholomäusnacht erlebte. Eine Glocke, die mitten in der Nacht erklang, war das Signal für das furchtbare Massaker. Zu Tausenden wurden Christen, die friedlich in ihren Heimen schliefen, ohne Warnung herausgeholt und kaltblütig ermordet. Und der König, dem sie vertrauten, hatte das Gemetzel genehmigt!

Sieben Tage dauerte das Massaker in Paris. In ganz Frankreich ging das Blutbad noch zwei Monate weiter. 70 000 Menschen kamen ums Leben.

Frankreich litt jahrelang unter diesen Geschehnissen. Und dann kam die Revolution. Das Volk hatte genug erlebt. Die größten Scheußlichkeiten wurden im Namen der Religion begangen. Es war sicher auch eine falsche, verzerrte Religion, ganz gewiß nicht die Religion der Bibel. Aber die Menschen, die unwissend und abergläubisch waren, sahen sich nicht in der Lage, zwischen richtig und falsch zu unterscheiden. Sie machten die Bibel für alles verantwortlich, was passiert war.

Die Macht war jetzt in ihren Händen. Aber unwissend, zornig und sittlich verdorben, wie sie waren, hatten sie keinerlei Eignung, sich selbst zu regieren. Sie sahen nichts anderes als die Gelegenheit, Grausamkeit, Folter und schließlich den schrecklichen Tod an denen zu vollziehen, die das ihrerseits so lange getan hatten. So hielt das Blutbad in Frankreich an – diesmal mit einer anderen Gruppe von Opfern.

Im Jahre 1798 erlebte die Welt zum ersten Mal, daß die Nationalversammlung einer zivilisierten, aufgeklärten Nation so weit ging und offiziell und einstimmig den Glauben an einen Gott ablehnte und den Gottesdienst abschaffte. Frankreichs Regierung hatte damals die Hand in offener Rebellion gegen den Schöpfer des Universums erhoben. Es gab und gibt viele Ungläubige und Gotteslästerer. Aber Frankreich stand damit allein in der Geschichte, indem durch einen Erlaß seiner Nationalversammlung verkündet wurde, daß es keinen Gott gäbe. Viele Einwohner der Hauptstadt tanzten und sangen vor Freude nach der Bekanntgabe dieses Erlasses.*

Der Gottesdienst war mittels Gesetz abgeschafft. Bibeln wurden eingesammelt und öffentlich unter Spott verbrannt. Einer der führenden Männer der neuen Ordnung sagte: „Gott, wenn du existierst, räche deinen verletzten Namen. Ich fordere dich heraus! Du schweigst. Du wagst nicht, deinen Donner sprechen zu lassen. Wer wird danach noch an deine Existenz glauben?"

Frankreich, das die Bibel abgelehnt und geächtet hatte, glitt bald in den schlimmsten Götzendienst ab, weil alle sittlichen Schranken niedergerissen waren, und auch das fand in der Nationalversammlung statt.

---

* Ein ähnliches Beispiel hat sich in unserer Zeit wiederholt. 1967 hat sich Albanien zum ersten atheistischen Staat der Welt erklärt. In der Verfassung von 1976 heißt es in Artikel 37: „Der Staat erkennt keinerlei Religion an..." Und das Strafgesetzbuch stellt in § 55 religiöse Betätigung unter Strafe, die unter dem Stichwort „religiöse und antisozialistische Propaganda" sogar die Todesstrafe bedeuten kann.

Stellen wir es uns einmal bildhaft vor: Durch die geöffnete Tür des Versammlungsraumes zogen die Abgeordneten ein und sangen ein Lied auf die Freiheit. Sie wurden von einer Musikkapelle begleitet. Diese Abgeordneten eskortierten als Objekt ihrer Anbetung eine verschleierte Frau. Als sie drinnen war, wurde sie mit großem Zeremoniell entschleiert und neben den Präsidenten gesetzt. Alle erkannten sie als ein Tanzmädchen aus der Oper. Aber ihnen erschien diese Frau als das geeignetste Symbol der „Vernunft", die sie jetzt anbeteten. Diese Einsetzung der „Göttin der Vernunft" erfolgte symbolhaft in ganz Frankreich.

Die Bibel sagt: „Die Toren sprechen in ihrem Herzen: ,Es ist kein Gott.'" (Psalm 14, 1.) Und Frankreich hatte das sicherlich bewiesen!

Die damaligen Machthaber haben nicht die Ergebnisse ihrer verhängnisvollen Politik vorhergesehen. Das unglückliche Frankreich sollte bald die Ernte dessen, was es gesät hatte, unter Blutvergießen einbringen. Die Folgen davon, daß es die Beschränkung durch das Gesetz Gottes abgestreift hatte, waren schrecklich.

Genau an der Stelle, wo im 16. Jahrhundert die Märtyrer verbrannt worden waren, stellte die Revolution die erste Guillotine auf. Der Krieg gegen die Bibel wurde zur Schreckensherrschaft. Friede und Glück waren verbannt. Niemand war mehr sicher. Wer heute triumphierte, wurde morgen verdächtigt und verdammt. Gewalt und Gier hielten Einzug.

Die Leute hatten die Grausamkeit nur zu gut kennengelernt. Die Schaffotte waren rot von Blut; die Galeeren und Gefängnisse voll. Spitzel lauerten an jeder Ecke. Die

Guillotine war jeden Morgen lange an der Arbeit. Doch das Messer der tödlichen Maschine war für das Gemetzel zu langsam. Lange Reihen von Gefangenen wurden durch Kartätschen niedergemäht.

Sogar das atheistische Frankreich mußte erkennen, daß es sich selbst ruinierte. Nur dreieinhalb Jahre konnte es diesen Zustand ertragen. Dreieinhalb Jahre, nachdem die französische Nationalversammlung die christliche Religion abgeschafft und die Bibel verworfen hatte, wurde von derselben Kammer eine Resolution erlassen, die diese beiden Gesetze wieder aufhob. Frankreich hatte genug. Und die übrige Welt war bestürzt, als sie die Ergebnisse sah, die aus der Ablehnung der Bibel und ihrer Grundsätze erwuchsen!

Aber nun möchte ich im erfreulichen Gegensatz dazu eine andere Geschichte erzählen. Denn in denselben dunklen Jahrhunderten, in denen die Zahl der Märtyrer in die Millionen ging, erlosch das Licht aus Gottes Wort nie völlig. Es brannte immer irgendwo.

Es gibt kein ermutigenderes Kapitel des ganzen Dramas als die Geschichte der Waldenser, dieser furchtlosen Leute, die Gott in den Bergfesten im nördlichen Italien angebetet haben. Jahrhundertelang erwies sich die Unzugänglichkeit der Berge als sicherer Schutz gegen ihre Feinde. Sie beteten in der atemberaubenden Größe ihres Freilicht-Heiligtums an. Von vielen hohen Klippen sangen sie ihr Gotteslob. Und keine Armee konnte ihren Lobgesang zum Schweigen bringen.

Ich denke an *Henri Arnaud* und seine Gruppe Waldenser, die in den Bergen Zuflucht gesucht hatten. Eines Morgens hörten sie unterhalb im Tal ein Geschrei. Major *de Parat* und seine Truppen bereiteten sich auf den Angriff vor. „Jungens, wir werden dort oben heute nacht schlafen", prahlte stolz der Major. Er lud die Dorfbewohner zu einer öffentlichen Hinrichtung am nächsten Tag ein. „Kommt", sagte er, „und seht das Ende der Waldenser!"

Oben auf der Bergspitze jedoch öffnete *Henri Arnaud* seine Bibel und las seinen Gefährten diese Worte von David vor: „Wäre der Herr nicht bei uns, wenn Menschen wider uns aufstehen, so verschlängen sie uns lebendig." (Psalm 124, 2. 3.)

De Parat begann mit seinen 20 000 Männern, den Berg zu erklimmen. Alles ging nach Plan. Als sein bester Kletterer die Bergfestung erreichte, ließen die Männer *Arnauds* einen Steinhagel auf sie herab. Die Truppen zogen sich zurück, und der verwundete Major bat um Aufnahme im Waldenserfort, was ihm auch gewährt wurde.

Als sie das nächste Mal angegriffen wurden, schlichen die Waldenser in der Dunkelheit der Nacht und in dichtem Nebel davon und brachten sich über die steilen Felsen in Sicherheit. Als die Soldaten am nächsten Morgen erneut angriffen, fanden sie nur leere Unterkünfte vor außer einer, in der Major *de Parat* in seinem letzten langen Schlaf lag. Außerhalb ihrer Reichweite, hoch über ihnen, gingen die Waldenser. Die Soldaten fluchten: „Der Himmel scheint ein besonderes Interesse daran zu haben, diese Leute zu schützen!"

Und der Himmel tat es! Denn diese waren das Volk des Himmels, in den Bergen verborgen, die das Werk des Himmels taten.

Bereits früh in ihrem Leben wurde den Waldensern ihre Aufgabe erklärt. Sie vervielfältigten die Bibel, indem sie sie immer wieder abschrieben. Dann gingen sie hinaus, als Händler oder Hausierer verkleidet, und hatten ihre wertvollen Manuskripte unter ihrer Kleidung verborgen. Sie gingen in die Städte, in die Universitäten und in die Heime.

Vorsichtig zeigte der Missionar einen Teil der Schrift. Dann las er die herrlichen Verheißungen. Oft wurde er gebeten, sie immer wieder zu lesen. Konnte es wahr sein? „Das Blut Christi, seines Sohnes, macht uns rein von aller Sünde!" Wenn das Licht in das unruhige Gewissen fiel, bekannten sie: „Christus ist mein Heiland! Sein Blut ist für mich geopfert!"

Manchmal wurde die ganze Nacht in dieser Weise zugebracht. Die Gewißheit der Liebe des Erlösers schien fast zu schön, um wahr zu sein. Die Zuhörer fragten dann: „Wird Gott mein Opfer annehmen? Wird er mir vergeben?"

Die Antwort wurde wieder aus der Schrift vorgelesen, bis der Fragende es erfaßt hatte. Und die Antwort war oft: „Ich kann zu Jesus kommen, wie ich bin, sündig und unheilig. ‚Deine Sünden sind dir vergeben.' Meine, sogar meine Sünden können mir vergeben werden!"

Freude erfüllte die Herzen. Alle Furcht vor dem Gefängnis oder vor den Flammen war weg. Sie würden freudig in den Tod gehen, wenn sie damit ihren Herrn ehren konnten.

Der Botschafter der Wahrheit ging seinen Weg, um in vielen Fällen nie wiedergesehen zu werden. Er war in andere Heime gegangen oder in entfernte Länder. Oder seine Gebeine verblichen an dem Ort, wo er das letzte Mal den Herrn bezeugt hatte.

Ja, manchmal bezahlten diese Missionare mit ihrem Leben. Noch heute kann man auf Händen und Knien in de Chiesa de la Tanna, eine Erdkirche, kriechen, wo sie viele Jahre lang furchtlos sangen und beteten und ihren Glauben bezeugten.

So sieht die Geschichte der Waldenser aus. Die Wahrheit hat in der Wildnis, in den dunkelsten Jahrhunderten überlebt. Die Fackel der Wahrheit wurde niemals ausgeblasen, auch nicht von dem Sturm der Verfolgung, der so heftig wütete. Die Dunkelheit konnte sie nie auslöschen!

Sogar das atheistische Frankreich konnte nur dreieinhalb Jahre ohne die Bibel durchhalten. Und Millionen Menschen in allen Zeitaltern haben es abgelehnt, auch nur einen Tag ohne sie zu leben. Die Bibel wurde verhöhnt. Sie wurde verboten. Sie wurde mit dem Bann belegt. Sie wurde verbrannt. Aber kein Feind, auch kein Bündnis mehrerer Feinde, konnte das Licht in den Herzen der Menschen ausblasen.

Eine Frau kam vor langer Zeit in Samarien mit ihrem Wasserkrug an einen Brunnen. Sie fand dort Jesus – und erkannte ihn als denjenigen, der sie innerlich frei machen konnte. Sie vergaß ihren Wasserkrug und eilte zurück zu ihren Freunden mit der guten Botschaft: „Kommt, sehet einen Menschen!"

J. Wallace Hamilton sagt: „Der vergessene Wasserkrug steht stellvertretend für alle Dinge, die dahintengelassen werden müssen, wenn Christus gekommen ist ... Bald kannst du den Donner marschierender Massen auf der Straße hören. Leute kommen, um den Mann zu sehen, der zum Leben befreit. Wenn du deine Ohren auf die Erde legst, kannst du noch die Marschtritte hören. Eine lange Reihe von Menschen, die die Straße von Galiläa entlanggehen, die in sein Angesicht geschaut haben und nie wieder dieselben sein werden; Leute, die aus weit geöffneten Gefängnissen kommen, mit der guten Botschaft auf ihren Lippen: ‚Kommt, sehet einen Menschen!' – Verbannte und Flüchtlinge ziehen durch Europa mit dem Samen der Reformation in ihren Herzen; Pioniere mit eisernen Nerven, die die Abhänge an der Küste von Neu-England hinaufklettern... Männer und Frauen, die den alten Wagenspuren durch Amerika folgen, weil ‚ihre Augen die Herrlichkeit des kommenden Herrn gesehen haben'."

Und die Wahrheit geht weiter voran!

Beweise werden getestet

Jemand hat einmal gesagt, glauben bedeute, etwas für richtig anzusehen, von dem man wisse, daß es nicht so sei. Ist das wahr? Liegen Glauben und Wissen im Streit miteinander? Wenn wir das Risiko des Glaubens eingehen, müssen wir dann den Verstand ausschalten?

Schließen Glauben und Intellekt einander aus? Muß man sich für das eine oder das andere entscheiden? Oder ist auch beides möglich?

Wir wollen einige außergewöhnliche Tatsachen betrachten, die den Glauben stärker machen, als er jemals war!

Es lebte in den USA ein bekannter Schriftsteller, Karikaturist und Werbeexperte, der Unmengen von Reklame geschaffen hat. Noch in den sechziger Jahren zeichnete er. Er hieß *Don Herold*.

Seine Tochter, *Doris Lund,* schrieb im Jahre 1979 für Reader's Digest eine Geschichte über die einmalige Art und Weise, wie ihr Vater eine Krise in seiner Jugend überwand. Sie sagte: „Dieser Humorist, der so spielerisch leicht über die menschlichen Schwächen schrieb, mußte erst einen langen Weg zurücklegen, und ich weiß heute, was es ihn gekostet hat."

Dann erklärte sie: „Es war nur eine kurze Bahnreise von Bloomfield (Indiana), wo mein Vater geboren wurde, bis zur Universität von Indiana in Bloomington. Aber der junge Don reiste die enorme Erfernung von einer calvinistischen Erziehung bis an die Ufer des

Darwinismus. Der Schock hat ihn nahezu getötet. Er verlor die Hoffnung auf einen wirklichen Himmel und durchstreifte die Straßen, um nicht den Verstand zu verlieren."

Als seine Tochter von dieser Erfahrung ihres Vaters hörte, fragte sie ihn, wie er überlebt habe, und er sagte: „Ich kam zu der Überzeugung, daß ich weiterleben könnte, wenn es nur eine Sache in der Welt gäbe, die ich gern machte." Und was war das?

„Bleistifte anspitzen", sagte er. „Ich liebte das Gefühl eines guten Bleistifts in der Hand. Ich wußte, was er auf dem Papier vollbringen konnte. Zu der Zeit habe ich noch nicht gezeichnet, aber manchmal eine halbe Nacht Bleistifte angespitzt."

Müssen wir deshalb unsere Hoffnung aufgeben? Müssen wir uns entscheiden, daß es keinen Gott gibt, keinen Erlöser für unsere Schuld, niemanden über den Sternen, der uns zuhört? Müssen wir die Straßen durchstreifen oder eine Pfeife rauchen, müssen wir die Phonstärken so weit wie möglich aufdrehen – oder die halbe Nacht Bleistifte anspitzen, um die geistliche Gesundheit zu behalten?

Es gibt in dieser spitzfindigen Generation die Vorstellung, je gebildeter man sei, desto ungläubiger werde man. Der Glaube wird als eine Form der Blindheit angesehen, der sich die Ungebildeten hingeben. Ist das wirklich so?

Spricht die Bibel über Orte, die nie existiert haben, und über Menschen, die nie gelebt haben? Gibt es außerhalb der Bibel irgendwelche Bestätigungen, daß Jesus überhaupt gelebt hat? Gibt es durch außerbiblische

Zeugnisse irgendwelche Beweise, daß Jesus auferstanden ist, wie es von der Bibel behauptet wird? Was würde geschehen, wenn man die weltliche Literatur gründlich durchforscht – und dann die Beweise abwägt? Wenn nun das Ergebnis unseren Glauben gewaltig stärken würde – und ihn nicht zerstörte?

Professor *Josh McDowell* stellte eine großartige Untersuchung unter Mitwirkung von Studenten an, die unermüdlich an der Prüfung des anfallenden Materials arbeiteten, so daß die Zitate nun vertrauensvoll verwendet werden können.

Das Ergebnis dieser Arbeit war 1972 die Veröffentlichung des Buches „Evidence That Demands a Verdict" (Beweismaterial, das ein Urteil verlangt). Es ist eins der faszinierendsten und wertvollsten Bücher, die ich besitze.

Josh McDowell, einst überzeugter Atheist, reist nun bereits seit Jahren als Repräsentant des Campus Crusade for Christ International durch die Welt. In über 60 Ländern hat er inzwischen Vorträge gehalten. Er hat zu mehreren Millionen Studenten gesprochen. Und wenn ich sage, daß er immer noch Vorträge hält, oft drei bis sieben pro Tag, kann man verstehen, warum wir so dankbar sind, daß er uns das folgende Interview, das vor Fernsehkameras geführt wurde, gewährt hat.

Vandeman: „Herzlich willkommen zu unserem heutigen Programm, Josh McDowell."
McDowell: „Danke, ich freue mich, daß ich hier bin."
Vandeman: „Darf ich Sie mit Josh ansprechen?"
McDowell: „Wenn ich George sagen darf."

Vandeman: „Natürlich. Josh, dies ist die fünfte Sendung einer Serie von sechs besonderen Programmen über die Wiederentdeckung der Wurzeln unserer Bibel. Wir haben in den letzten vier Wochen ein gutes Stück die lange, qualvolle Reise der Bibel durch die Jahrhunderte verfolgt und wurden fasziniert von der Geschichte ihres Überlebens. Heute aber sind wir an Beweisen interessiert. Gibt es irgendwelche historischen Beweise, die einen aufrichtigen, fragenden Menschen ansprechen können, die die Zuverlässigkeit der Bibel unterstützen? Ist sie das, was sie vorgibt zu sein? Können wir uns auf sie verlassen? So weit ich weiß, waren Sie in früheren Jahren ein Freidenker – ein Ungläubiger. Erzählen Sie uns doch, was passiert ist."

McDowell: „Nun, als ich mich entschloß, ein Buch zu schreiben, das dem Christentum einen Streich spielen sollte, wußte ich, daß ich gewonnen hätte, wenn ich die Zuverlässigkeit des Neuen Testaments widerlegen könnte. Ich glaubte, daß das leicht zu machen sei.

Doch auf zwei Gebieten ging der Schuß nach hinten los. Zuerst erfuhr ich, daß das, was wir heute haben, vor 2000 Jahren geschrieben worden ist. Wenn man irgendein Stück aus der Literatur prüfen will, muß man zunächst die Genauigkeit und Zuverlässigkeit seiner Überlieferung erhärten. Ich tat dies und fand heraus, daß das, was vor 2000 Jahren geschrieben worden ist, in den modernen Ausgaben genau wiedergegeben worden ist.

Die zweite Frage, mit der ich mich beschäftigen mußte, war, ob das, was niedergeschrieben wurde, auch wahr ist. Es ist eine Sache, festzustellen, ob das, was wir heute haben, vor 2000 Jahren auch so niedergeschrieben worden ist, aber es ist eine andere Sache, ob das, was niedergeschrieben wurde, auch wahr ist.

Ich glaube, daß es so ist. Wenn wir über die Schreiber des Neuen Testaments sprechen, übersehen viele Leute zwei Faktoren. Erstens: Sie schrieben als Augenzeugen. Sie sagten: ‚Was wir gesehen und gehört haben, das verkündigen wir euch.' Sie schrieben nicht nur als Augenzeugen, sondern sie appellierten an das Wissen ihrer zeitgenössischen Leser und Hörer hinsichtlich der Beweise, von denen sie sprachen. Und das ist gefährlich, wenn man nicht genau ist.

Wenn ich mich auf eine Debatte einlasse, konfrontiere ich meinen Gegner mit Tatsachen. Mache ich einen Fehler, nimmt man mich sofort in die Zange. Hier im Neuen Testament gibt es zwölf Männer; die meisten von ihnen starben nur aus einem einzigen Grund den Märtyrertod – ein leeres Grab und die Erscheinung eines Mannes namens Jesus von Nazareth. Sie gingen durch die Todesprüfung, weil sie glaubten, was sie schrieben. Sie unterschrieben ihr Zeugnis mit dem eigenen Blut.

Wissen Sie, ich vertraue Märtyrern mehr als den meisten Menschen, die ich heute kenne, die nicht mal für das, was sie glauben, auf die Straße gehen, geschweige denn dafür sterben. So glaube ich nicht nur, daß wir das haben, was damals niedergeschrieben worden ist, sondern daß das auch verläßlich ist, weil sie als Augenzeugen schrieben. Sie haben das niedergeschrieben, was sie selbst gesehen hatten. Bedenken Sie, was diese Menschen bekannten, sagten sie vor Ungläubigen! Es waren feindliche Zeugen, die die biblischen Autoren sofort korrigiert hätten, wenn sie von der Wahrheit abgewichen wären. Diese Autoren sind für das gestorben, was sie glaubten. Sie unterschrieben ihr Zeugnis mit ihrem Blut."

Vandeman: „Und diese Tatsache führte zu Ihrer Bindung an die Bibel und an Jesus Christus?"

McDowell: „Ja, besonders das, aber auch, daß ich von der Göttlichkeit Christi überzeugt wurde."

Vandeman: „Das war es eigentlich, was ich Sie als nächstes fragen wollte: War Jesus derjenige, der er behauptete zu sein? War er der Sohn Gottes?"

McDowell: „Lange Zeit habe ich nicht daran geglaubt, aber nachdem ich meine Schularbeiten gemacht hatte, wurde ich davon überzeugt: Wenn Jesus Christus nicht der gewesen wäre, der er zu sein behauptete, dann müßte er den ‚Oscar' bekommen, weil er der größte Schauspieler der Geschichte gewesen wäre.

Aus mehreren Gründen glaube ich, daß er war, was er sagte. Erstens erfüllt sein Leben alle Voraussagen. Das Alte Testament, das über einen Zeitraum von 1500 Jahren geschrieben wurde, enthält 300 Prophezeiungen, die in einer Person erfüllt worden sind – Jesus Christus. Die letzte wurde mindestens 400 Jahre vor seiner Geburt niedergeschrieben. Ich kann Prophezeiungen nicht wegdiskutieren. Ich kann sie auf historische Weise nicht wegerklären.

Nehmen Sie zum Beispiel den Wahrscheinlichkeitstest. Die Wahrscheinlichkeit, daß sich nur acht von diesen Prophezeiungen in irgendeiner Person erfüllen, würde $0{,}1^{17}$ sein. Das hieße, ganz Texas einen halben Meter hoch mit Silberdollars zu füllen, dann einen Silberdollar zu kennzeichnen und ihn wieder unter die

Dollars zu mischen, die den ganzen Staat ausfüllen. Die Wahrscheinlichkeit, daß jemand mit verbundenen Augen gleich beim ersten Mal diesen gekennzeichneten Silberdollar aufhebt, hat die gleiche Chance wie die Erwartung, daß sich acht von diesen Prophezeiungen in *einer* Person erfüllen.

Ein anderer Beweis war die Auferstehung. Mir ist immer gesagt worden, das sei ein Mythos, eine Legende, und natürlich habe ich noch niemanden getroffen, der von den Toten auferstanden ist. George, ich habe mir nicht träumen lassen, daß ein Beweis da ist."

Vandeman: „Sie meinen einen Beweis außerhalb der Bibel?"

McDowell: „Ein Beweis außerhalb der Bibel, ja. Ich meine keinen biblischen Beweis, aber ich danke Gott für einen anderen Beweis."

Vandeman: „Es wäre eine großartige Unterstützung des Glaubens."

McDowell: „Ich fand zum Beispiel heraus, wie es am Grab aussah. Es war ein Grab, das aus dem gewachsenen Felsen herausgehauen war, von einem Stein mit einem Gewicht von etwa 1,5 Tonnen verschlossen. Eine römische Militärwache von 16 Soldaten sollte es bewachen. Ein römisches Siegel befand sich auf dem Grabstein. Jedes Lehrbuch in jeder Universität in unserem Land bezeugt dies als Wahrheit. Der riesige Stein ist vom Grab weggerollt worden. Jesus stand von den Toten auf. Die Grableinen waren noch da, aber Jesus war weggegangen.

Erinnern Sie sich an *Simon Greenleaf,* der die juristische Fakultät von Harvard gründete? Er war mein Idol, als ich mich in die juristische Fakultät einschrieb. Er verfaßte drei große Bände über die Gesetze des juristischen Beweises."

Vandeman: „Sie haben Jura studiert?"

McDowell: „Ja. Ich schrieb mich in die juristische Fakultät ein. Mein ganzes Leben drehte sich um die Gesetze. *Greenleaf* war ein Skeptiker und verspottete das Christentum in seinen Vorlesungen. Einige seiner Studenten haben ihn herausgefordert, er solle seine Theorie, die er in drei Bänden niedergeschrieben habe, doch auf die Auferstehung anwenden. Nach einiger Überredungskunst tat er das – und wurde daraufhin ein überzeugter Christ."

Vandeman: „Ist das nicht großartig?"

McDowell: „Ja, aber da sah ich mich plötzlich einem Problem gegenüber; denn es ist eine Sache, das mit dem Kopf zu begreifen, aber es ist etwas ganz anderes, den Willen darin zu üben. Nach langen Kämpfen habe ich mich schließlich dem Herrn Jesus Christus übergeben."

Vandeman: „Josh, ich wurde sehr glücklich, nachdem ich erkannt hatte, daß ich nicht der Richter der ganzen Erde bin. Ich will auch jetzt nicht urteilen, aber ich möchte doch diese Frage stellen: Ist der *Zweifel* für die Mehrzahl der Menschen wirklich eine intellektuelle oder ist er eine moralische Angelegenheit?"

McDowell: „Es ist sehr interessant, was Sie da fragen, weil nur wenige Leute merken, daß hier ein Problem besteht. In den etwa 600 Universitäten, in denen ich gesprochen habe, traf ich nicht mehr als vier oder fünf Menschen, die intellektuelle Probleme mit dem Christentum hatten. Ich habe Tausende mit intellektuellen Entschuldigungen getroffen, George. Es ist nicht so sehr eine Frage des Intellekts als vielmehr des Willens – nicht, daß ich nicht kann, sondern daß ich nicht will.

An der Universität in Rochester kam ein Student zu mir, nachdem ich über die Auferstehung gesprochen hatte, und begann mich mit Fragen zu bestürmen, die ich allerdings liebe. Schließlich habe ich ihn unterbrochen und fragte: ‚Wenn ich Ihnen über jeden Zweifel erhaben beweisen könnte, daß Jesus Christus von den Toten auferstanden ist, würden Sie dann glauben?' Er sagte: ‚Nein.'"

Vandeman: „Da haben wir es."

McDowell: „Das Problem haben wir nicht mit dem Verstand, sondern mit dem Willen. Und oft ist es ein moralisches Problem oder ein Problem des Stolzes."

Vandeman: „Josh, der Beweis ist überwältigend. Intellektuell ist es nicht schwer, die Bibel anzunehmen, aber was bedeutet sie für Sie? Was hat sie für Sie persönlich vollbracht?"

McDowell: „Ich glaube, hier hatte ich einige Kämpfe."

Vandeman: „Haben wir die nicht alle?"

McDowell: „O ja, ich ging durch Kämpfe, weil mein Verstand mir sagte, daß Jesus Christus auch der war, der er beanspruchte zu sein, und daß man sich auf die Bibel als Wort Gottes verlassen kann. Aber mein Wille machte hier nicht mit. Wissen Sie, ich fand heraus, daß Gott durch die Schrift und durch seinen Sohn Jesus Christus mich direkt herausforderte, ihm als Heiland und Herrn zu vertrauen. Nun, mein Verstand sagte mir, das sei wahr, aber mein Wille sagte nein. Ich fand heraus, daß die Schrift große Ansprüche an mein Leben stellt, an meinen Lebensstil, an meine Beziehungen zu anderen

Menschen, an meine Zukunft und meine Vergangenheit. Und so habe ich eine ganze Weile gekämpft. Mein Verstand sagte das eine, mein Wille etwas anderes."

Vandeman: „Das ist der innere Konflikt, den Paulus in Römer 7 dargestellt hat."

McDowell: „Unter diesem Zwiespalt litt ich auch lange. Aber die Christen, die ich kannte, waren so ‚ekelhaft' glücklich. Das hat mich verwirrt. Und schließlich, es war am 9. Dezember 1959 um 20.30 Uhr, am Ende meines zweiten Jahres an der Universität, da wußte ich, daß ich meine Überzeugungen überprüfen mußte, und an diesem Abend wurde ich ein Christ. Man mag mich fragen: ‚Wie können Sie das wissen?' Ich antworte: ‚Durch das Gebet!'

In dieser Nacht war ich allein. Ich betete um vier Dinge, um mein Verhältnis zu dem Gott der Schrift zu festigen. Ich sagte: ‚Danke, Herr, daß du für mich am Kreuz gestorben bist.' Zweitens sagte ich: ‚Ich bekenne dir die Dinge, die dir nicht gefallen und bitte dich um Vergebung.' Als drittes sagte ich: ‚Ich vertraue dir als Erlöser und Herr auf die beste Art, wie ich es verstehe. Übernimm die Kontrolle in meinem Leben. Ändere mich von innen her.' Das letzte, um das ich betete, war nur: ‚Danke, daß du durch den Glauben in mein Leben kommst.' Kein Glaube, der sich auf Unwissenheit aufbaute, sondern auf die Schrift, unterstützt durch Beweise und historische Tatsachen. Aber es geschah nichts Ungewöhnliches. Es fuhr kein Blitz hernieder. Ich bin nicht hinausgerannt und habe eine Harfe gekauft. Aber mein Leben begann sich zu ändern.

Zum Beispiel war ich immer irritiert, wenn ich unter

Druck stand. Allmählich kam der Friede. Nicht durch den Wegfall der Konflikte, sondern durch die Fähigkeit, sie zu lösen. Ich habe das Jesus Christus zugeschrieben.

Ein anderes Gebiet, auf dem sich etwas änderte, waren meine Zornesausbrüche. Es brauchte mich nur jemand schräg anzusehen, und schon explodierte ich. Aber nachdem ich diese Entscheidung getroffen hatte, war mein Jähzorn vergangen, und ich habe jetzt in 24 Jahren nur einmal die Geduld verloren. Das eine Mal war allerdings so schlimm, daß ich von den 24 Jahren gut und gerne sechs abziehen kann.

Ich habe auch mit meinem Egoismus aufgeräumt. Ich kam auf die Welt, und jeder mußte meine Bedürfnisse als Baby erfüllen. Als ich dann aufwuchs, meinte ich, ich sei der Mittelpunkt, und alles habe sich um mich zu drehen. Aber als ich mein Verhältnis zu Gott durch Christus aufbaute, entwickelte sich die Nächstenliebe. Ich denke nicht mehr, wie ich andere Menschen für mich gebrauchen kann, sondern wie ich selbst gebraucht werden kann.

Und dann wandelte sich der Haß auf meinen Vater, der der Stadt-Alkoholiker war, in Liebe. Ich erinnnere mich noch, daß ich in der Lage war, meinem Vater gerade in die Augen zu schauen und zu sagen: ‚Vater, ich liebe dich!' Als Ergebnis kam er zu mir und sagte: ‚Junge, wenn Gott in meinem Leben das tun kann, was er in deinem Leben tat, möchte auch ich ihm dazu die Gelegenheit geben.'"

Vandeman: „Großartig."

McDowell: „Und gleich auf der Stelle betete er mit mir."

Vandeman: „Gott sei Dank! Wissen Sie, Josh, was wir vorhin besprochen haben, der Beweis für den Glauben, war wichtig. Aber worüber wir in den letzten Minuten gesprochen haben, ist noch wichtiger."

McDowell: „Das Begeisternde ist, daß das, worüber wir gerade gesprochen haben, ein weiterer Beweis für die Zuverlässigkeit der Schrift ist."

Vandeman: „Richtig. Sie sind davon überzeugt, wenn ich es richtig verstehe, daß es nicht nötig ist, Bleistifte zu spitzen, um nicht den Verstand zu verlieren, sondern daß wir vielmehr unser ganzes Gewicht auf das Wort Gottes legen und für unsere Erlösung unser volles Vertrauen in den Mann der Bibel setzen können.

Josh, besten Dank für alles, was Sie heute für uns getan haben." –

Ja, der Beweis ist da. Wir können dem Buch vertrauen. Wir brauchen nicht aufzugeben. Wir können an einen buchstäblichen Himmel glauben. Vom Patriarchen Abraham heißt es: „Er wartete auf die Stadt mit dem festen Grund, die Gott selbst entworfen und gebaut hat." (Hebräer 11, 10, Die Gute Nachricht.) Es ist eine Stadt, die ewig bleiben wird, nicht wie die stolzen, aber zerbrechlichen Städte, die wir bauen, verwundbar, vergänglich wie Hiroshima, wie Pompeji, wie Vanport.

Vanport? Nur wenige werden sich an Vanport erinnern, weil es so jung starb. Es war eine Stadt, aus dem Boden gestampft, um die Tausende von Menschen aufzunehmen, die in das Gebiet um den Hafen strömten, um Kriegsschiffe zu bauen. Vanport lag etwa in der Mitte zwischen Portland (Oregon) und Vancouver (Washington), vom mächtigen Columbia River nur durch Deiche geschützt.

Vor der geplanten Zeit war die Stadt fertig. Mit Straßen, Bäumen, Büschen, Märkten, Kirchen und Schulen. Und dann wurde sie lebendig, als 50 000 Menschen einzogen. Vanport war die zweitgrößte Stadt Oregons. Es war eine ideale Stadt, sagten einige – ohne Gerichte, ohne gewählte Beamte, ohne örtliche Steuern.

Als der Krieg vorüber war, zogen viele Einwohner fort. Aber fast 20 000 blieben.

Und dann kam der Memorial Day (in USA: Heldengedenktag am 30. Mai) im Jahre 1948, ein Sonntag. Einige waren zur Kirche gegangen. Aber jetzt erholten sie sich im Sonnenschein. Viele lasen die Sonntagszeitung oder hörten die Übertragung der Baseball-Spiele, während sie auf das Mittagessen warteten. Einige waren zum Beerenpflücken gegangen. Andere fuhren nur so zum Vergnügen in der Gegend herum. Der großartigste Anblick aber war der Columbia River, der mit Donnergetöse zum Pazifik hinabrollte. Jetzt führte er Hochwasser, der höchste Stand seit 54 Jahren.

Die Deiche von Vanport sahen unüberwindlich aus. Gerade an diesem Morgen waren die Einwohner beruhigt worden, daß sie sicher seien. Im Gefahrenfall hätten sie 36 Stunden Zeit, um die Stadt zu verlassen.

Es war 15.30 Uhr. In diesem Moment starb Vanport. Es war fast wie in Hiroshima. In einem Moment war noch alles friedlich, im nächsten reines Entsetzen. Der Deich war gebrochen, und eine 15 Meter hohe Welle schlammigen Wassers rollte über die Stadt hinweg. Vanport gab es nicht mehr.

Wie verletzlich sind die Städte, die wir bauen! Doch Gott hat eine Stadt mit einem Fundament gebaut. Eine richtige und buchstäbliche Stadt – mit Straßen und Toren und Mauern, mit Heimen, die fertig zum Bewohnen sind. Diese Heime sind jetzt leer. Aber eines Tages, in naher Zukunft, wird dort Leben einziehen, und diese Stadt wird ewig bleiben. Sie wird nie von einer Flut oder durch Feuer oder Gewalt berührt werden. Eine Stadt ohne Tod, ohne Abschied, ohne Tränen!

Dieses Buch verspricht es. Du kannst es glauben. Du brauchst nicht aufzuhören, daran zu glauben. Und du brauchst keine Bleistifte anzuspitzen, um deinen Verstand zu behalten.

Der verwundete Arzt

Unfallstationen sind dafür da, Wunden zu behandeln, die durch einen Unfall oder durch eine Gewalttat hervorgerufen werden. Aber wer kümmert sich um die Wunden des Herzens, die unsichtbaren Wunden, die Millionen verzweifeln lassen?

Überall schauen sich verwundete Menschen nach einem Arzt um, der weiß, wie man die Wunden des Gemüts heilen kann, der sie versteht und für sie sorgt. Und es wäre durchaus zum Vorteil, wenn der Arzt selbst schon solche Wunden gehabt hätte!

Vor gar nicht so langer Zeit waren wir noch von der Technologie begeistert, die wir selbst entwickelt hatten. Wir fühlten uns sicher, im Vertrauen darauf, daß unser wissenschaftliches Know-how jedes Problem lösen würde, das auf uns zukäme.

Aber jetzt sind wir nicht mehr so sicher. Wir haben erkannt, daß uns unsere schöpferischen Kräfte auch vernichten können. Wir wissen jetzt, daß die Wunder der Technologie – die großartigen Aussichten, die die Zukunft so rosig machen –, daß dieselben Wunder unsere Zukunft zerstören könnten!

Eine Sage aus dem alten Indien illustriert das Dilemma dieser Generation:

Vier Söhne eines Königs wollten herausfinden, welche speziellen Fähigkeiten sie entwickeln könnten. Sie entschieden sich, daß sie sich in der Welt unsehen wollten und jeder eine besondere Kunst erlernen sollte. Nachdem sie übereingekommen waren, sich an einem bestimmten Ort wieder zu treffen, ging jeder der vier Brüder in eine andere Richtung davon.

Die Zeit verging, und die Brüder trafen sich wieder. Einer sagte: „Ich beherrsche die Kunst, die es mir ermöglicht, wenn ich nur ein Stück Knochen irgendeines Tieres habe, das Fleisch drumherum zu schaffen." Der zweite sagte: „Ich weiß, wie die Haut auf dem Tier und das Haar wachsen kann, wenn das Fleisch auf dem Knochen ist." Der dritte sagte: „Ich bin in der Lage, die Körperglieder zu schaffen, wenn ich das Fleisch, die Haut und das Haar habe." – „Und ich", sagte der vierte begeistert, „weiß, wie man das Tier lebendig machen kann, wenn sein Körper alle Glieder hat."

So gingen sie in den Dschungel, einen Knochen zu suchen, um daran ihre Fertigkeiten zu demonstrieren. Sie nahmen einen Knochen, von dem sie aber nicht wußten, daß es ein Löwenknochen war. Einer fügte das Fleisch auf die Knochen, der zweite ließ Haut und Haare wachsen, der dritte vervollständigte alles mit den Körpergliedern, und der vierte gab dem Löwen das Leben. Dieser erhob sich, schüttelte seine mächtige Mähne und sprang seine Schöpfer an. Er tötete sie und verschwand zufrieden im Dschungel. –

Vergleichsweise dazu lernten wir das Atom kennen, bestaunten seine Wunder und entschieden uns, unsere Fertigkeiten dadurch zu demonstrieren, daß wir es teilten. Wir ahnten nicht, daß in diesem winzigen Atom die Kraft steckt, unserer Geschichte ein Ende zu bereiten!

Und nun haben wir eine ganze Reihe neuer Leiden, ein Gefühl der Nutzlosigkeit, das deprimierende Gefühl der

Sinnlosigkeit. Das Leben von Millionen hat seine Bedeutung verloren. Sie leben nur von einem Tag zum anderen. Warum sich auf das Morgen vorbereiten, wenn es möglicherweise kein Morgen mehr gibt? Sie fühlen sich in einer eigentümlichen Einsamkeit gefangen, einem unheimlichen Gefühl der Verlorenheit. Sie sind ans Ende ihrer Hoffnung gelangt.

Und welche Unfallstation kann die Gehirnerschütterungen des inneren Menschen behandeln, diese Knochenbrüche des Lebenssinnes, dieses Ausbluten der Hoffnung?

Und so tanzen wir ohne Arzt wie ein Korken auf einem Meer der Ungewißheit. Wir werden von jeder kleinen Brise hin und her geblasen. Da kein sicherer Felsen da ist, greifen wir nach Pusteblumensamen, wenn er an uns vorüberweht. Unsere Generation fühlt die Erschütterungen einer unbekannten Gefahr. Sie schwingt hin und her wie eine Brücke, die zusammenbricht.

Die Takoma Narrows Brücke in Washington, die über den Puget-Sund gebaut worden ist, um Takoma mit der Olympischen Halbinsel zu verbinden, war nur sechs Monate vorher dem Verkehr übergeben worden. Es war die drittgrößte Hängebrücke der Welt, und die Architekten lobten sie als die schönste Brücke Amerikas. Die Leute von Washington nannten sie Galloping Gertie, weil sie sich bei starkem Wind hin und her bewegte.

Am Morgen des 7. November 1940 blies ein Sturm in die Meerenge. Es begann in den Kabeln der 6,4 Millionen-Dollar-Brücke zu summen. Den ganzen Morgen schaukelte, ächzte und schwankte sie. Um 10 Uhr begann sie sich zu verbiegen. Bald schwang sie bereits wie ein Stück Zellstoff im Sturm. Um 11.08 Uhr brach der Mittelteil zusammen. Die anderen Teile rissen ab, bis nur noch ein paar zertrümmerte Brückenteile in die Luft ragten. Und einige Teile unseres Stolzes fielen mit der Brücke in den Puget-Sund!

Heute sind wir unserer Technologie nicht mehr so sicher. Wir sind uns keiner Sache mehr sicher. Wo sollen wir den Sinn des Lebens finden? Wo sollen wir einen Arzt hernehmen für die Einsamkeit des inneren Menschen?

Nie vorher ist eine Generation so rastlos gewesen wie die unsere. Männer und Frauen wenden sich von Theorie zu Theorie, von Spekulation zu Spekulation, von Kult zu Kult, um etwas zu finden, für das es sich zu leben lohnt, Gründe für ihr Dasein, ein bißchen Hoffnung. Und da sie nichts finden, geht der Treck irgendwohin oder nirgendwohin weiter.

Männer und Frauen pochen an die Mauern der unsichtbaren Welt und fragen sich, was auf der anderen Seite ist. Sie sitzen auf Berghängen und beobachten eigentümliche Lichter, die sich am Himmel hin und her bewegen, und wundern sich, warum sie nicht zu fassen sind. Sie wenden sich den astrologischen Karten zu, um ein wenig Trost, ein bißchen Sicherheit in den Sternen zu finden. Millionen befolgen spiritistische Prophezeiungen, die ins Nichts führen.

Vor ein oder zwei Jahrzehnten verlangten die Menschen Gründe und Logik für ihren Glauben. Heute wenden sie sich den wildesten Spekulationen und dem reinsten Unsinn zu. Einige meinen, wir seien Roboter, die von irgendeiner Art kosmischer Energie manipuliert werden. Andere verwechseln die Taten des Bösen mit den Taten Gottes und werfen sie alle in einen Topf. Einige sagen, daß das Universum, falls es überhaupt beherrscht wird, von einem nachlässigen Spinner beherrscht sein muß – oder bestenfalls von einer mathematischen Gleichung!

Und nirgendwo ist auch nur der Hauch einer Hoffnung. Nichts, was einem Halt gibt. Nichts, was uns sagt, wer wir sind – oder warum.

Heute hat keine Kirche mehr eine Chance, die nicht die Bedürfnisse des inneren Menschen berücksichtigt. Sie wird mit Sicherheit stagnieren. Auf der anderen Seite wird jede Kirche oder Gruppe oder jeder Kult, der die Bedürfnisse der Menschen befriedigt – oder nur verspricht, sie zu befriedigen –, keine Probleme haben, Mitglieder zu finden. Ihre Lehren mögen keinerlei Grundlage in der Schrift haben. Sie mögen vollständig unvernünftig sein. Sie mögen die wildesten Spekulationen sein. Sie mögen sogar an Lächerlichkeit grenzen. Aber die Menschen folgen einem charismatischen Führer überallhin, sogar bis ans Ende der Erde, wenn sie das Gefühl der Geborgenheit gewonnen haben, wenn sie einen Trost für ihre Einsamkeit gefunden haben, wenn sie jemanden gefunden haben, der sich um sie kümmert.

Durch die ganze Geschichte hindurch beobachten wir, daß eine Änderung oft deshalb kam, weil ein Bedürfnis den Weg für die Veränderung gebahnt hatte. Die Veränderung mag gut sein. Sie kann auch negativ sein. Aber die Menschen waren durch das Voraufgegangene vorbereitet.

Zum Beispiel hätte der Darwinismus nie die Welt so

überschwemmen können, wie er es im ersten Teil des 19. Jahrhunderts getan hat, wenn die falschen und zu engen Interpretationen der Bibel von seiten der großen Kirchen nicht vorhanden gewesen wären.

Während der dunklen Jahrhunderte, aus denen wir gekommen sind, wurde die Natur nicht untersucht, um herauszufinden, was sie lehrt, sondern die mittelalterliche Kirche bestimmte, was man sagen durfte. Die Schrift wurde dahingehend interpretiert, daß sie lehrte, die Erde sei das Zentrum des Universums, sei eine Scheibe und daß die Sonne sich um sie drehe. *Galilei,* der diese Position der Kirche angriff, wurde als Häretiker angesehen.

Alles das gab dem Gedanken Nahrung, daß die Natur und die Schrift im Widerstreit miteinander lägen. Aber der Widerstreit bestand gar nicht zwischen der Natur und der Schrift, sondern zwischen der Natur und den falschen Interpretationen des Menschen, die sofort als biblisch hingestellt wurden. Wie oft ist die Bibel für etwas verantwortlich gemacht worden, was sie überhaupt nicht lehrt!

Der Glaube an die Evolution kam nicht ohne Vorankündigung. Als *Darwin* sein Buch über die Entstehung der Arten schrieb, hatte er nicht vor, im atheistischen Sinne zu schreiben. Aber was er in der Natur sah, paßte nicht zu den engen Ansichten, die er gelernt hatte. Er konnte nicht glauben, daß ein liebender Gott giftige Pflanzen usw. geschaffen hatte. So entschied er sich zu glauben, daß sie nicht geschaffen worden seien, sondern sich in langen Zeitperioden entwickelt, sich allmählich verändert haben. Mißinterpretationen der Schrift, die großzügig gefördert wurden, haben den Weg für die Ablehnung der Schöpfung und des Schöpfers vorbereitet. Und wieder hat die Natur der Schöpfung nicht widersprochen, sondern nur den ungerechtfertigten Interpretationen des göttlichen Wortes.

Auch die modernen Kulte sind nicht ohne Grund entstanden. Man brauchte kein Theologe zu sein, um die Offenbarung lesen zu können und zu sehen, daß die Kirchen aus ihrer einst beneidenswerten Position gefallen und viele von ihnen ohne Leben waren. Sie hatten die Bibel aufgegeben und wandten sich der Politik zu. Sie kümmerten sich nicht um die Menschen und reagierten gleichgültig.

Die Kulte scheinen das Bedürfnis nach Liebe zu rechtfertigen – das Gefühl zu haben, irgendwohin zu gehören. Darauf haben Millionen gewartet!

Es war dasselbe wie in Frankreich. Die schrecklichen Ereignisse der Französischen Revolution waren ein Protest gegen das, von dem Menschen dachten, es käme aus der Bibel. Die Menschen meinten, daß sie sich für die Verfolgung rächen müßten, die im Namen der Religion durchgeführt worden war; und sie machten die Bibel dafür verantwortlich.

Nach einer Verfolgungszeit kam oft eine Zeit sittlichen Niedergangs. Als Reaktion darauf haben die Menschen dann gemeint, daß man zu höheren Werten zurückkehren müsse, wenn nötig durch Gewalt.

Wenn wir der Offenbarung glauben, wird es bald eine Reaktion gegen die törichte Zügellosigkeit unserer Zeit geben. Wir können das bereits jetzt beobachten. Der Ruf nach „Recht und Ordnung" wird mit der Eskalation der

Kriminalität auf unseren Straßen größer. Gemäß der Offenbarung wird es eine Bewegung geben, die dieses Bedürfnis befriedigt, wenn es sein muß mit Gewalt und durch die Gesetzgebung. Und wir werden wieder einmal erleben, daß es keinen schlimmeren Terror gibt als den Terror im Namen Gottes!

Die Welt ist voller Elend, voller verletzter Menschen. Der Spiritismus, der auf einer falschen Interpretation der Schrift beruht, nimmt zu, weil er eine Antwort auf die Einsamkeit und die Tränen von Männern und Frauen zu haben scheint, die ihre Lieben verloren haben. Doch die Auferstehung, wie sie in der Bibel verheißen ist, ist die richtige Antwort, nicht der abgedunkelte Raum einer spiritistischen Sitzung!

Durch all die Jahrhunderte hindurch hatte der Mensch das Bedürfnis nach Anbetung. Seine Entfremdung von Gott, sein Bedürfnis, mit Gott versöhnt zu sein, all das hat irrigerweise zur Anbetung von Götzen, zu langen Pilgerreisen, zu Geißelungen geführt. Die solches taten, hofften Gott zu gefallen oder sich vor bösen Geistern zu schützen. Die Geschichte dieser Welt ist die Geschichte von wirklich tiefempfundenen Bedürfnissen – und falschen Lösungen und Antworten!

Die Welt braucht einen Arzt. Das ist schon immer so gewesen seit der Zeit, als in Eden etwas schief lief, seit die Schlange Eva eingeredet hatte, daß ihr etwas vorenthalten werde, daß sie unerfüllte Bedürfnisse habe. Sie gab ihr eine Scheinantwort, die die Menschheit in ein Zeitalter der Tränen und des Elends stürzte.

Der Schöpfer sah, daß sich die Schuldiggewordenen an jenem Tag versteckten. Da waren sie nun: allein, ängstlich und über ihre Schuld entsetzt. Und die Schlange sprach zum Schöpfer: „Sie gehören jetzt mir. Du hast kein Recht, dich einzumischen. Du mußt jetzt zulassen, daß ich sie vernichte."

Aber der Schöpfer schaute in die Zukunft und sah die Nachkommen der Flüchtlinge – eine schuldige Menschheit – und sagte zur Schlange: „Ich werde sie dir nicht überlassen. Es ist wahr, daß sie mich verraten haben. Du hast das Recht, sie zu vernichten, aber ich werde die Sünden aller Flüchtlinge tragen. Und wenn alles vorüber ist, wirst du wissen, daß du mir zwar in die Ferse gestochen hast, aber du wirst zittern, weil ich dann deinen Kopf zertreten habe."

Jesus wußte, daß es keinen anderen Weg gab, unsere Leiden zu lindern, als das Los der Menschen auf sich zu nehmen. So kam er auf die Erde, um wie wir zu leben und Schmerzen zu ertragen. Er kannte seine Aufgabe. Er hat sie selbst beschrieben: „Der Geist des Herrn ist bei mir, darum weil er mich gesalbt hat, zu verkündigen das Evangelium den Armen; er hat mich gesandt, zu predigen den Gefangenen, daß sie los sein sollen, und den Blinden, daß sie sehend werden, und den Zerschlagenen, daß sie frei und ledig sein sollen." (Lukas 4, 18.)

Doch während er die Schmerzen anderer heilte, blieb Jesus allein. Niemand verstand seine Aufgabe. Sie dachten, daß er den Thron bestiege. Er aber wußte, daß er auf das Kreuz zuging.

Jesus spürt unsere Einsamkeit, denn er hat sie selbst erfahren. Er wußte, was es heißt, mißverstanden zu sein, alleingelassen zu werden und von denen preisgegeben zu sein, die er liebte. Jeden Tag wurde er von der Nachlässigkeit und Gleichgültigkeit jener verletzt, die ihm am nächsten standen.

Weise Männer reisten weit, um ihm Gaben zu bringen, als er in der Krippe zu Bethlehem lag. Aber wo lesen wir etwas davon, daß einer seiner Freunde ihm irgendein Geschenk gebracht habe? Sie dachten nur daran, was er ihnen geben könnte.

Ich denke, daß ihm kleine Kinder manchmal eine Blume gebracht und zu ihm gesagt haben: „Hier! Das ist für dich!" Ich denke, daß manchmal eine Träne auf diese Blumen fiel. Und die Jünger haben sich gewundert, warum.

Doch Jesus nahm seine Wunden mit hinaus auf den Berg, Nacht für Nacht. Und dort, wenn er mit seinem Vater allein war, fand er Heilung für seine eigenen Schmerzen und die der anderen.

In einer alten Legende aus dem Talmud heißt es, daß „Rabbi Josua ben Levi zu Elia dem Propheten kam, der am Eingang der Höhle von Rabbi Simeon ben Johai stand... Er fragte Elia: ‚Wann wird der Messias kommen?'

Elia antwortete: ‚Geh und frag ihn selbst.'

‚Wo ist er?'

‚Er sitzt am Stadttor.'

‚Woran kann ich ihn erkennen?'

‚Er sitzt unter den Armen, die von Wunden bedeckt sind. Die anderen binden alle ihre Wunden gleichzeitig auf und verbinden sie wieder. Aber er bindet jeweils nur eine auf, verbindet sie wieder und spricht zu sich selbst: Vielleicht werde ich gebraucht; wenn es so ist, muß ich immer bereit sein, um nicht einen Moment zu säumen.'"

Jesus, der verwundete Arzt. Lange vor Bethlehem trug er Golgatha in seinem Herzen, denn er war „das Lamm, das erwürgt ist". Wenn du das bezweifelst, lies den bemerkenswerten 22. Psalm, der genau mit den Worten beginnt, die Jesus am Kreuz sprach: „Mein Gott, mein Gott, warum hast du mich verlassen?"

Und dann gibt es das unvergleichliche 53. Kapitel des Jesaja. Hier sehen wir Jesus, der um unserer Missetat willen verwundet wurde und um unserer Sünden willen zerschlagen, der von unserem Kummer niedergedrückt wurde, wie auch von unserem Leid, unserer Einsamkeit. Deshalb ist er der verwundete Arzt, denn durch seine Striemen, die Schmerzen seines blutenden Rückens sind wir geheilt. Er schaut voraus und sieht eine große Menge, die für immer durch seine Wunden geheilt sind.

Und jetzt noch eine weitere Schriftstelle: „Er sandte sein Wort und machte sie gesund und errettete sie, daß sie nicht starben." (Psalm 107, 20.)

Er sandte sein Wort und machte sie gesund. Die Bibel, die verboten, verbannt und verbrannt wurde, verworfen, gelästert und gehaßt, die Bibel ist das Buch für Menschen, die verwundet sind. Die Bibel macht gesund, weil der Arzt, der über die staubigen Straßen von Galiläa ging, auch durch ihre Seiten geht.

Die Bibel! Ich frage mich, ob wir sie schätzen würden, wenn es ein Risiko für unser Leben wäre, sie zu lesen. Nimm sie nicht für selbstverständlich, weil sie so leicht zu bekommen ist. Laß es nicht eine Information oder heilige Geschichte sein oder sonst etwas, worüber diskutiert werden kann. Es ist kein Buch, das nur gelegentlich gelesen werden will oder das aus der Entfernung verehrt werden soll, als ob es uns nichts zu sagen hätte. In ihm ist überall der Arzt von Nazareth, der Mensch Jesus, der dich zu sich ruft, als ob du der einzige Mensch auf Erden wärest, der dich in eine Beziehung zu ihm ruft, die so viel größer und tiefer ist als irgendeine menschliche Bindung.

Menschliche Freundschaften sind durch Entfernung, Umstände und Tod begrenzt. Aber weder Menschen noch Dämonen können uns von der Liebe des Erlösers trennen. Sie kann uns nicht vorenthalten werden. Sie kann uns nicht gestohlen werden. Menschliche Liebe ist bei den verheerenden Auswirkungen von Krankheiten hilflos. Aber seine Liebe ist stärker als der Tod. Sie ist immer bei uns – bis zum Ende.

Sie kann nicht ausgesperrt werden. Sie geht mit in die Gefängniszellen, in die Krankenstationen, wo Menschen darauf warten, daß sich jemand um sie kümmert, in die Internierungslager, wo Männer und Frauen gegen ihren Willen festgehalten werden. Seine Engel machen aus einem Gefängnis einen Palast. Er geht mit dir durch das Feuer und durch die Flut. Und in seiner Liebe gibt es kein Abschiednehmen.

Wer am meisten leidet – die Einsamsten, die Vernachlässigten –, kann der tiefen Liebe des Erlösers sicher sein. Erfasse sie nur – vom Krankenhausbett, aus dem Rollstuhl, wo immer du bist. Öffne die Bibel, und du wirst hören, daß er dir sagt: „Komm zu mir, der du müde bist und einsam und ohne Hoffnung, und ich werde all das gutmachen, was die Welt versäumt, dir zu geben. Ich werde jede Wunde verbinden und dein Herz zum Singen bringen – sogar im Schatten des Todes!" Kannst du mehr erbitten als das?